中国诚通集团大事记

（2018—2022年）

中国诚通集团　主编

中国财富出版社有限公司

图书在版编目（CIP）数据

中国诚通集团大事记．2018—2022年／中国诚通集团主编．—北京：中国财富出版社有限公司，2022．11

ISBN 978－7－5047－7827－7

Ⅰ．①中…　Ⅱ．①中…　Ⅲ．①物资企业－国有企业－大事记－北京－2018—2022　Ⅳ．①F259．271

中国版本图书馆CIP数据核字（2022）第214475号

策划编辑　宋　宇　　**责任编辑**　郭逸亭　　**版权编辑**　李　洋
责任印制　梁　凡　　**责任校对**　张营营　　**责任发行**　黄旭亮

出版发行　中国财富出版社有限公司
社　　址　北京市丰台区南四环西路188号5区20楼　　**邮政编码**　100070
电　　话　010－52227588转2098（发行部）　　010－52227588转321（总编室）
010－52227566（24小时读者服务）　　010－52227588转305（质检部）
网　　址　http：//www. cfpress. com. cn　　**排　　版**　宝蕾元
经　　销　新华书店　　**印　　刷**　宝蕾元仁浩（天津）印刷有限公司
书　　号　ISBN 978－7－5047－7827－7/F·3488
开　　本　787mm×1092mm　1/16　　**版　　次**　2022年12月第1版
印　　张　12．75　**彩　色**　1．75　　**印　　次**　2022年12月第1次印刷
字　　数　194千字　　**定　　价**　108．00元

目录

中国诚通集团

大事记

（二〇一八年）

CCT
中国诚通
CHINA CHENGTONG

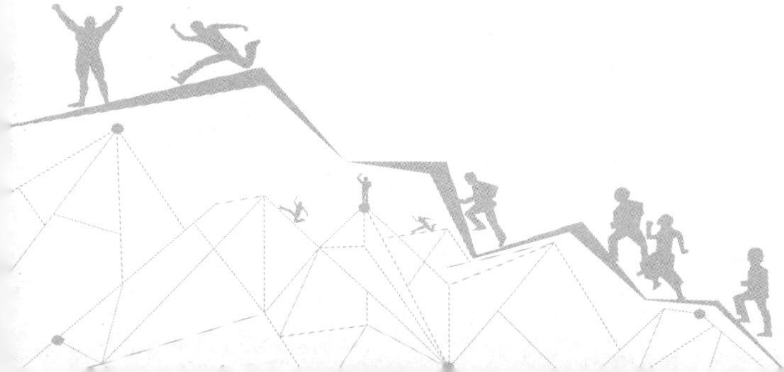

☞ **1 月**

1 月 4—16 日　张相红分别到诚通人力资源有限公司（简称“诚通人力”）、中国包装总公司（简称“中国包装”）、诚通基金管理有限公司（简称“诚通基金”）、中国健康养老集团有限公司（简称“中国康养”）、诚通房地产投资有限公司（简称“诚通地产投资”）五家所出资企业调研指导。朱跃参加中国康养调研。

1 月 6—8 日　集团举办国有资本运营公司领导力高级课程培训，以进一步提升集团领导干部资本运营专业技能及国际化投融资能力，推动国有资本运营公司做强做优做大。课程分为“国有资本运营的战略与领导”和“资本运营公司的功能定位、核心能力与风控”两大模块，分别由上海国际金融学院院长陆红军、国务院国有资产监督管理委员会（简称“国资委”）资本运营与收益管理局（简称“资本局”）局长李冰和沃顿商学院教授乌纳尔授课。朱碧新、单忠立、徐震、李友生、童来明、张相红参加培训，向宏主持。集团高级经理以上及所出资企业领导干部共 130 余人参加培训。

1 月 15—16 日　童来明到中国诚通香港有限公司（简称“诚通香港”）、中国诚通（香港）资产管理有限公司、中国诚通投资有限公司（简称“诚通投资”）三家在港出资企业调研指导。张斌、邬镇华分别作汇报。

1月16日　集团召开2018年压减工作会议，李友生、向宏出席并讲话。

1月17日　童来明在深圳出席由中国工业经济联合会主办的“一带一路”倡议下城市与产业国际合作论坛，并代表集团作经验分享。

1月18日　朱碧新一行赴辽宁盘锦会见盘锦市委书记高科、市长郝春荣，并共同出席集团入股盘锦银行股份有限公司（简称“盘锦银行”）签约仪式。徐震、盘锦银行董事长张成杰代表双方签署协议。李友生、唐国良，盘锦市委副书记郭伦等参加会见并出席仪式。赵洪武、诸一军等参加会见和签约。

同日　朱跃会见到访的美国长荣集团董事长陈正泓一行，双方就开展业务合作等事宜进行交流。

1月24日　中央宣讲团成员、中共中央纪律检查委员会（简称“中央纪委”）驻国资委纪检组组长、国资委党委委员江金权到集团调研党的十九大精神学习贯彻情况，为集团和中国铁路物资股份有限公司（简称“中国铁物”）广大党员干部讲党课，进行全面从严治党专题辅导。中央纪委驻国资委纪检组副组长胡贤正等陪同。马正武汇报了集团改革发展和党建工作整体情况，以及学习宣传贯彻党的十九大精神的具体措施和取得的成效。

1月25日　张相红到中国纸业投资有限公司（简称“中国纸业”）调研指导，对新任党委班子成员进行集体廉洁谈话。

1月29日　集团与中国航天科技集团有限公司（简称“航天科技”）战略合作签约仪式在京举行。马正武与航天科技党组书记、董事长雷凡培出席签约仪式，并就双方战略合作进行深入交流。李友生代表集团与航天科技副总经理张建恒签署战略合作协议。朱跃代表中国康养与航天投资控股有限公司总经理张陶签署《合作备忘录》。

1 月 30—31 日 中国诚通集团 2018 年工作会议暨二届六次职工代表大会在京召开。大会以习近平新时代中国特色社会主义思想为指导，深入学习贯彻党的十九大、中央经济工作会议和中央企业、地方国资委负责人会议精神，认真总结集团 2017 年工作，深入分析当前形势，研究部署 2018 年任务。国有重点大型企业监事会主席李克明出席会议并讲话。原国内贸易部副部长陆江，原国家国内贸易局副局长丁俊发，集团外部董事张鹏、孟伟林、姜尚君，集团领导马正武、朱碧新、单忠立、徐震、李友生、童来明、向宏、张相红、朱跃，监事会 08 办主任张振良、副主任孙庆红及专职监事傅丽平参加会议，中国物流与采购联合会会长何黎明，集团老领导洪水坤、孙振国、顾向东、张宝珍、成武、蔡桂茹出席会议。马正武作题为《高举习近平新时代中国特色社会主义思想伟大旗帜 谱写集团改革发展党建新篇章》的讲话，朱碧新作题为《深入推进改革试点 全面提升运营能力奋力打造一流国有资本运营公司》的工作报告。2017 年年底，集团资产总额为 1714 亿元，较年初增加 631 亿元；实现营业收入 836 亿元，完成预算的 137.8%，同比增长 35%；利润总额 32.9 亿元，完成年度预算的 148%，同比增长 62%。

会议期间，召开了 2017 年度二级单位基层党建述职评议考核会。在党风廉政建设和反腐败工作会上，单忠立传达了中国共产党第十九届中央纪律检查委员会第二次全体会议、中央企业党风廉政建设和反腐败工作会议精神，张相红作集团党风廉政建设和反腐败工作报告。在二届六次职工代表大会上，审议并通过了集团 2018 年工作报告，通过了职工代表大会 2018 年主要工作安排。会议隆重表彰了第十五届“诚通之星”。

☞ 2 月

2 月 2 日 集团召开 2017 年度党员领导干部民主生活会，马正武主持。监事会08办副主任孙庆红、国资委企业领导人员管理二局（简称“企干二局”）四处处长尚飞、中央纪委国家监委驻国资委纪检监察组（简称“驻委纪检监察组”）九室处长刘鑫到会指导。

同日　总部机关党委召开一届四次扩大会议，通报机关党委近期工作情况，学习国资委党委、驻委纪检监察组有关文件精神，部署2018年总部新春联欢会工作。单忠立出席并讲话，苗卿华主持，机关“两委”委员、总部各支部书记、机关工会负责人、团委书记参加。

同日　根据国务院国有资产监督管理委员会提名（国资任字〔2017〕154号），经中国诚通控股集团有限公司第一届董事会第118次会议研究决定：聘任朱跃为中国诚通控股集团有限公司副总裁。

2月5日　国资委副主任、党委委员孟建民到集团主持召开运营公司试点座谈会。国资委资本局局长李冰、资本局副局长李军、财务监管与运行评价局副局长刘绍娓等参加。马正武汇报了国有资本运营公司试点进展情况、2018年试点工作总体安排；朱碧新汇报了国有企业结构调整基金投资和运营情况，以及2018年集团重点工作思路。

同日　集团2018年新春老干部团拜会在国谊宾馆举行，200余名在京离退休老同志齐聚一堂，共贺新春。朱碧新、单忠立出席并讲话。肖茵主持团拜会。

同日　集团决定聘任裴晓东为集团总裁秘书（部门副职级）。

2月6日　集团召开安全生产专题会议，传达国务院1月25日召开的全国安全生产电视电话会议精神，落实集团2018年工作会议有关要求，部署2018年安全生产工作。李友生出席并讲话。

同日　集团研究决定成立诚通人力资源有限公司董事会、监事会：肖茵任董事长（法定代表人），邹善童、孙乾飞任集团派出董事；竺小政任监事，建议其任监事长。

2月7日 诚通基金2018年工作会暨2018年第一次职工大会在京召开。朱碧新出席并讲话，童来明作工作报告，王友前参加。

2月9日 集团受国资委委托承担的混合所有制公司法人治理课题启动会议在集团召开。国资委企业改革局局长白英姿、集团领导马正武出席，并对课题研究工作提出具体要求。苗卿华汇报了课题研究初步方案和课题筹备情况、研究内容等。国资委企业改革局副巡视员唐祖君、公司治理处处长张博参加。

☞3月

3月1日 马正武主持召开党委会议，及时传达学习党的十九届三中全会精神。集团党委委员参加。

同日 马正武、朱碧新会见深圳证券交易所党委书记、理事长吴利军，双方就深化合作等事宜进行交流。童来明参加。

同日 朱碧新会见小米科技有限责任公司董事长雷军，双方就加强合作进行深入会谈。童来明参加。

3月2日 集团召开总部工作会议，总结2017年工作，分析2018年形势，部署总部重点工作任务。马正武、朱碧新、监事会08办副主任孙庆红分别讲话。单忠立、徐震、童来明、向宏、朱跃出席。李友生主持。监事会专职监事傅丽平及总部全体员工参加。

3月5日 朱碧新会见成都市副市长刘烈东一行，双方就深化合作、促进共赢进行会谈。李友生参加。

3月6日 集团召开2018年巡视工作启动暨巡视巡察干部培训会，张相红出席并讲话。董绍庄、成武、苗卿华出席。

3月9日 马正武会见重庆渝富资产经营管理集团有限公司（简称“渝富集团”）党委书记、董事长李剑铭。双方就开展国有资本运营公司试点情况及加强合作进行沟通交流。单忠立、李友生、苗卿华参加。

3月12日 马正武、朱碧新会见中国商用飞机有限责任公司董事长贺东风一行，双方就加强合作进行会谈。童来明、张相红参加。

3月14日 朱碧新会见丽水市委副书记、代市长吴晓东一行，双方就开展深入合作进行交流。童来明、唐国良参加。

3月15日 集团党委第三巡视组巡视中国包装党委动员会在北京召开。张相红作动员讲话，杜淑明进行动员部署，李华主持会议并作表态发言。

3月16日 中国国有企业结构调整基金股份有限公司（简称“国调基金”）在北京召开2018年第一次临时股东大会、第一届董事会第六次会议、2017年度股东大会，会议由朱碧新主持，徐震、童来明，国调基金股东单位代表、董事、监事以及诚通基金高级管理人员出席。

同日 中国康养与国资委物资机关服务中心战略合作框架协议签字仪式在京举行，国资委机关服务管理局党委副书记、纪委书记牛志强，朱跃出席签约仪式并讲话。国资委物资离退休干部局副局长杨耀军参加签约仪式。国资委物资机关服务中心党委书记华大庆主持。

3月18日 集团与渝富集团在重庆签署战略合作协议。单忠立，重庆市国资委主任胡际权、副主任石继东，渝富集团董事长李剑铭、总经理何志明出席并见证签约仪式。苗卿华与渝富集团副总经理乔昌志代表双方签约。单忠立、苗卿华应邀参加重庆渝富·改革转型论证会并发言。

3月18—21日 单忠立赴重庆、泸州、成都等地所出资企业调研。苗卿华、李向阳参加。

3月19日 集团党员领导干部学习贯彻党的十九大精神集中轮训在铁道党校正式启动。马正武参加第一期培训班开班仪式并讲话。向宏主持开班仪式。集团总部和所出资企业共35名党员领导干部参加第一期培训。

3 月 20 日 集团党委第一巡视组进驻中国物资储运集团有限公司（简称“中国储运”）巡视动员视频会在京召开。张相红、董绍庄出席会议。韩铁林主持。

同日 集团党委第二巡视组巡视中国纸业党委动员会在京召开。张相红作动员讲话，成武进行动员部署，洪军主持会议并作表态发言。

3 月 22 日 徐震带队赴中储南京智慧物流科技有限公司（简称“中储智运”）调研。

3 月 23 日 童来明带队赴中储智运调研。

同日 徐震一行赴中储南京物流有限公司滨江物流中心调研。

3 月 26 日 由集团发起设立的中证央企结构调整指数（简称“结构调整”，代码“000860”）正式发布。

3 月 27 日 集团召开反腐倡廉宣传教育工作部署会暨第六届“反腐倡廉宣传教育月”启动会。朱碧新出席并讲话。张相红主持。集团在京党政班子其他成员出席。

3 月 30 日 朱碧新会见北京市西城区区长王少峰一行，就央地合作等事宜进行会谈。徐震、童来明、向宏参加。

3 月 31 日 中国纸业召开 2017 年度党员领导干部民主生活会。单忠立到会指导。中国纸业党委委员参加会议。洪军主持。

☞ 4 月

4 月 2 日 集团党委召开 2018 年第一季度党委书记、纪委书记专题例会，传达学习中央有关文件精神，部署党建重点任务，研讨集团党建工作责任制考核办法，交流一季度党建工作情况。马正武出席会议并讲话。单忠立主持。

同日　朱碧新会见青岛市委常委、副市长王家新一行，双方就开展深入合作进行交流。童来明、朱跃、王友前参加。

4月3日　中央电视台《焦点访谈》栏目播出《国企民企，共生共赢》节目，对集团推进混合所有制改革，实现国企民企协同发展、共同进步进行了报道。李友生、梁伟华分别接受采访，介绍了有关情况。

同日　集团党委理论学习中心组进行2018年第二次集中学习，主题为宪法修正案、党和国家机构改革方案专题学习交流。马正武、朱碧新作重点发言。集团党委理论学习中心组成员参加。

4月4日　朱碧新会见浙江省国有资本运营有限公司党委书记、董事长桑均尧一行，双方就开展国有资本运营合作进行沟通交流。童来明参加。

4月8日　集团研究决定聘任周涛、田宏林、杨帆为诚通房地产投资有限公司副总经理。

4月11—15日　单忠立带队到俄罗斯格林伍德调研中国诚通国际贸易有限公司（简称“诚通国际”）境外党建工作，组织对党建责任制进行考核评价，指导党委、纪委选举工作。其间，单忠立拜会了中国驻俄罗斯联邦特命全权大使李辉和公使衔经济商务参赞李静援，就进一步加强境外党建工作进行交流。

4月12日　马正武在成都会见四川省委常委、成都市委书记范锐平，双方就加强合作进行会谈。梁伟华参加。

4月15日　中国纸业新办公楼揭牌仪式在京举行。朱碧新出席仪式，并与中国纸业董事长黄欣共同揭牌。洪军及中国纸业领导班子其他成员出席，张强主持。

4月16日　集团党委第二巡视组召开巡视诚通财务有限责任公司（简称“诚通财务”）动员会。巡视组会前与诚通财务党政班子召开见面沟通会。张相红作动员讲话，成武进行动员部署。秦炬主持会议并作表态发言。

4 月 16—17 日 朱碧新一行赴长春参加“央企助力东北振兴·建设美丽吉林”座谈会，并与吉林省副省长朱天舒、吉林省金融控股集团股份有限公司（简称“吉林金控”）董事长李来华进行会谈。童来明参加，并代表国调基金与中车资本控股有限公司、吉林金控、吉林省股权基金投资有限公司、吉林银行股份有限公司就共同组建国调吉林产业发展基金签署框架协议。

同日 集团党委第三巡视组召开巡视中国诚通国际贸易有限公司（简称“诚通国贸”）动员会。会前，巡视组与诚通国贸党政班子召开了见面沟通会。张相红作动员讲话，杜淑明进行动员部署，曹富根主持会议并作表态发言。

同日 集团董事会赴北京昌平区调研泰康之家燕园社区。集团外部董事张鹏、孟伟林、姜尚君，以及单忠立、徐震、苗卿华、唐国良、王友前参加调研。

同日 集团与成都市人民政府在成都签署战略合作协议，朱跃出席并见证签约。

4 月 17—18 日 朱跃应邀参加在成都举办的 2018 中外知名企业四川行活动，并出席集团与成都市政府战略合作协议签约仪式。

4 月 19 日 集团召开 2018 年一季度生产经营分析会，总结一季度工作，分析当前存在的主要问题，部署二季度及全年工作任务。朱碧新出席会议并讲话，单忠立主持会议并做会议总结。徐震、童来明、张相红、朱跃出席会议。

4 月 19—25 日 马正武与中国铁物外部董事樊政炜、郝银飞、潘德源、方方，职工董事赵辛等一行赴老挝、泰国调研指导中国铁物、中储发展股份有限公司（简称“中储股份”）海外项目。中国铁物副总经理杜波参加。

4月20日　童来明出席青岛市新旧动能转换基金推介会暨创业投资高峰论坛活动，并代表集团致辞。

同日　集团党委第一巡视组召开巡视诚通人力动员会。巡视组会前与诚通人力党政班子召开见面沟通会。张相红出席并讲话。董绍庄进行动员部署，肖茵主持会议并作表态发言。

4月21日　朱跃在太原出席第四届中国老年医学与科技创新大会暨中国老年健康与养老产业博览会。

4月27日　朱碧新会见中国中信集团有限公司（简称“中信集团”）总经理王炯，并共同出席国调中信现代农业产业投资基金（有限合伙）成立暨签约仪式。

4月28日　集团在宜阳县召开扶贫工作汇报检查会，深入学习贯彻习近平新时代中国特色社会主义思想，以及中央打好精准脱贫攻坚战座谈会精神，推进完成定点帮扶宜阳县脱贫攻坚任务，并组织对定点帮扶工作进行检查考核。马正武出席会议并讲话，单忠立、李友生、向宏、张相红、苗卿华出席会议。

☞ 5月

5月4日　集团总部机关工会在北京国际鲜花港组织团建活动。单忠立、徐震、童来明、向宏、张相红、苗卿华、王友前参加。

5月8日　马正武会见航天科技副总经理张建恒，双方就进一步推进中央企业医院整合，加强资产、资本运营合作进行交流。朱跃参加会见。

同日　集团召开亏损企业治理工作座谈会，总结三年亏损企业治理专项工作情况，对下一步工作进行部署。朱碧新主持会议并讲话，徐震、李友生、向宏出席。

5 月 9 日 朱碧新出席五矿创新投资有限公司暨五矿新能源新材料产业投资基金揭牌仪式，童来明、魏然陪同参加。朱碧新代表出资方致辞，童来明代表国调基金与中国五矿集团有限公司（简称“中国五矿”）、国新国同（浙江）投资基金合伙企业（有限合伙）、建信信托有限责任公司、宁波市鄞州区产业发展投资有限公司等发起方签约。

同日 朱碧新会见来中国考察访问的印度尼西亚国有企业代表团，就国有资本运营的做法、经验及加强业务合作进行深入交流。来自印度尼西亚航运、矿业、公共设备、金融、科技、教育等领域的 24 位行业代表出席。李友生、国资委国际合作局有关人员参加会见。

5 月 11 日 朱碧新出席华贸物流 2017 年年度股东大会，并专程赴港中旅华贸国际物流股份有限公司（简称“华贸物流”）所属上海德祥物流有限公司（简称“德祥物流”）实地调研，深入了解生产一线情况。唐国良、王友前，陈宇、孙晋参加。

5 月 13 日 诚通国际在京召开党员大会，选举新一届党委、纪委。向宏、张相红出席。

同日 集团总部机关党委和诚通国际党委联合组织总部党员与境外党员开展党性教育专题培训。朱碧新、单忠立、徐震、李友生、向宏、张相红参加。

5 月 14 日 单忠立与中国财贸轻纺烟草工会全国委员会副主席杨冬旭、陕西省财贸金融轻工工会主席刘佐清等到中储发展股份有限公司西安分公司调研指导，并为分公司市场管理部举行“全国工人先锋号”授牌仪式。

5 月 17 日 朱碧新会见厦门市委常委、常务副市长黄强一行，双方就开展深入合作进行交流。童来明参加。

同日　集团研究决定聘任曾鸿彬为集团专职派出董事。

同日　集团研究决定苗卿华、谢景富任中国诚通国际贸易有限公司董事，免去朱跃、董旭中国诚通国际贸易有限公司董事职务；王军任中国诚通国际贸易有限公司监事，免去黄文敏中国诚通国际贸易有限公司监事职务。

5月18日　集团第九届“中包杯”职工乒乓球赛在国家检察官学院体育中心举办。张相红出席开幕式并宣布比赛开幕。比赛由集团在京直属工会、团委联合举办，中国包装承办，并得到集团及各出资企业的支持，来自集团总部和二级公司的15支球队共94名队员参赛。

同日　马正武、朱碧新会见盘锦市委书记付忠伟一行，双方就进一步推进合作进行深入交流。李友生、向宏、唐国良参加。

5月21日　朱碧新会见天津经济技术开发区管理委员会主任郑伟铭一行，双方就进一步合作进行深入交流。向宏参加。

5月22日　马正武会见中信银行股份有限公司（简称“中信银行”）党委副书记、行长孙德顺一行，并共同参与双方战略合作协议签约仪式。徐震、李友生，中信银行副行长杨毓、风险总监姚明参加活动。徐震与杨毓分别代表双方签署战略合作协议。

同日　朱碧新会见Lazard集团全球董事长兼首席执行官杰高博（Kenneth Jacobs），双方就加强合作进行深入交流。

同日　中储智运与国调基金战略合作暨B轮融资发布会在南京举行。向宏出席大会并致辞。赵晓宏、魏然出席。

5月23日　朱碧新会见大连市委常委、金普新区党工委书记、管委会主任王强一行，双方就进行深入合作进行会谈。

同日　为落实整改国资委对集团融资性贸易专项审计提出的问题，集团召开融资性贸易业务通报整改会议，徐震主持。

同日 集团第二期基层党支部书记培训班在京举行，张相红出席开班仪式并讲话。

5月24日 集团香港平台整合签约仪式在集团总部举行。朱碧新出席仪式并讲话。徐震、李友生、童来明、唐国良、王友前、张敏，集团香港平台整合工作组、筹备组，总部有关部门及相关所出资企业党政领导参加签约仪式。向宏主持。

5月26日 向宏受邀出席第二十一届中国西部国际投资贸易洽谈会“央企重庆行”活动，并参加重庆市与央企工作交流会。其间，赴中国物流股份有限公司（简称“中国物流”）驻渝企业调研。

5月28日 集团与深圳证券交易所在深圳签署战略合作协议。马正武出席签约仪式，并就双方战略合作进行深入交流。李友生代表集团与深圳证券交易所签署战略合作协议。韩铁林参加。

同日 朱碧新会见南京市副市长冉华一行，双方就开展深入合作进行交流。赵晓宏、魏然参加。

5月29日 马正武与外部董事张鹏、周勤业、孟伟林、姜尚君等赴广州学习交流广东省国资委、广州市国资委及省市两级国有资本运营公司在改组组建方式、投资运营模式、授权范围、党建工作等方面的经验做法。调研期间，调研组一行分别与广东省国资委主任李成，广州市国资委主任陈浩钿，广东省国有资本运营公司广东恒健投资控股有限公司领导班子，广州市国有资本投资运营平台广州国资发展控股有限公司领导班子进行座谈交流。

同日 集团研究决定曾勇任港中旅华贸国际物流股份有限公司党委副书记、纪委书记。

5月30—6月1日 集团外部董事张鹏、孟伟林、姜尚君先后调研中国纸业旗下珠海红塔仁恒包装股份有限公司（简称“红塔仁恒”）、广东冠豪高新技术股份有限公司（简称“冠豪高新”），以及中国物流旗下华南诚通物流有限公司阳江综合物流园、湛江诚通综合物流园项目。苗卿华参加。

5 月 31 日　朱碧新会见中国铁建股份有限公司（简称“中国铁建”）总裁庄尚标一行，双方就开展合作进行沟通交流。徐震参加。

☞ 6 月

6 月 1 日　在习近平总书记重要批示 9 周年之际，马正武主持党委理论学习中心组 2018 年第三次集中学习，以“重温马克思崇高精神和光辉思想，激励广大干部新时代新担当新作为”为主题，重温习近平总书记重要批示精神，集中学习习近平总书记在纪念马克思诞辰 200 周年大会上的重要讲话精神和中共中央办公厅印发的《关于进一步激励广大干部新时代新担当新作为的意见》。中心组成员在集中学习前，按要求自学了习近平总书记近期系列重要讲话和中央、国资委党委下发的重要文件精神。集团总部机关党委委员、纪委委员，总部各职能部门负责人及以上人员参加集中学习。

6 月 4—8 日　朱碧新在法国和瑞士出席第九届中欧企业家峰会并作主旨演讲。峰会期间，朱碧新与法国前总理拉法兰、法国前总理德维尔潘等法国政要，就中欧企业合作进行深入交流。朱碧新还会见了法国 OFI 资产管理公司首席执行官 Grimaud，法国欧瑞泽（Eurazeo）基金财务总监 Audouin，法国布依格（Bouygues）集团董事 Cyril Bouygues、William Bouygues，瑞士 UBS 银行全球财富管理副总裁 Zimmermann 等欧洲知名企业负责人。魏然参加。

6 月 7 日　司法部党组成员甘藏春率团赴俄罗斯考察，到莫斯科格林伍德国际贸易中心调研并与部分中资企业座谈。孙伯辉主持座谈会。

6 月 8 日　童来明在北京华尔道夫酒店会见来华参加上海合作组织青岛峰会的俄罗斯直接投资基金总裁基里尔·德米特里耶夫一行，双方进行友好坦诚交流。周立群参加。

6 月 12 日　朱碧新会见了中国东方航空股份有限公司总经理马须伦，双方就加强合作进行会谈。张相红、魏然等参加会见。

同日　集团研究决定曾鸿彬任中诚通国际投资有限公司集团派出董事；免去李琚中诚通国际投资有限公司集团派出董事职务。

同日　集团研究决定曾鸿彬任中国纸业投资有限公司集团派出董事，免去朱跃中国纸业投资有限公司董事职务；郭晓川任中国纸业投资有限公司外部董事，免去李红中国纸业投资有限公司外部董事职务。

同日　集团研究决定王军任诚通人力资源有限公司集团派出董事。

6 月 14 日　华夏基金管理有限公司（简称“华夏”）、博时基金管理有限公司（简称“博时”）、银华基金管理股份有限公司（简称“银华”）三家基金公司申报的央企结构调整 ETF（交易型开放式指数基金）和联接基金正式获批。该指数基金的跟踪标的——中证央企结构调整指数，为集团定制，由中证指数有限公司编制并发布。该指数旨在引导市场关注优质央企、关注结构调整改革，强化价值投资理念，帮助投资者获得国企改革的红利。

6 月 15 日　集团党委召开所出资二级企业负责人会议。马正武通报了国资委党委对集团班子 2017 年综合测评考核情况、国资委党委关于集团 2017 年度党建评价考核结果和集团 2017 年扶贫开发工作考核情况，传达学习了赵乐际同志在中央巡视座谈会上的讲话精神，部署下一步巡视整改工作并提出明确要求。单忠立主持，张相红、唐国良、王友前，以及所出资企业党政纪负责人和总部各部门负责人参加。

6 月 19 日　马正武实地调研新北纬饭店改建首厚康健养老机构项目。

6月21日 集团党委第三巡视组到诚通国贸反馈巡视意见，张相红、杜淑明出席会议并讲话。

6月22日 集团、中国铁物与华夏幸福基业股份有限公司（简称“华夏幸福”）战略合作协议签约仪式在集团举行。马正武会见华夏幸福董事长王文学，并共同出席签约仪式。徐震、童来明、向宏参加。

同日 童来明应邀出席南京科技创新产业（北京）推介会，并与南京市委、市政府领导交流，就在科技创新领域加强合作事宜交换意见。魏然参加推介会，并签署南京国调智芯集成电路产业基金合作协议。

6月25日 诚通财务在京召开党员大会，选举产生第一届党委委员、纪委委员。单忠立、徐震出席。

6月26日 张相红、董绍庄到诚通人力反馈巡视意见。

同日 央企结构调整ETF管理委员会成立暨第一次工作会议在集团总部召开，童来明出席。

6月27日 集团党委第三巡视组召开巡视意见反馈会，向中国包装党委反馈巡视意见。张相红、杜淑明出席会议并讲话。

6月28日 集团党委第二巡视组到诚通财务反馈巡视意见，张相红、成武出席会议并讲话。

6月29日 集团党委召开大会，热烈庆祝中国共产党建党97周年，隆重表彰2017—2018年度优秀共产党员、优秀党务工作者和先进基层党组织。马正武出席并讲话，朱碧新主持。

同日 集团研究决定：聘任王广富为集团资产管理部副总经理（主持工作）；聘任赵毅刚为集团资产管理部副总经理；朱跃不再兼任集团资产管理部总经理职务。刘乃杰、郭玉军任中国物流股份有限公司副总经理；周黎明任中国物流股份有限公司总会计师。

同日 中国共产主义青年团第十八次全国代表大会在北京人民大会

堂闭幕。马正武、单忠立在集团总部接见了集团团十八大代表马宇凡，详细询问了参加大会期间工作、生活和学习情况。

同日 中储股份组织召开集团党委第一巡视组巡视意见反馈视频会。张相红、董绍庄出席。

6 月 30 日 集团 2017 年度党建工作责任制考核结果为 A。

☞ 7 月

7 月 2 日 集团党委第二巡视组召开巡视意见反馈会，向中国纸业党委反馈巡视意见。张相红、成武出席会议并讲话。

7 月 4 日 国资委资本局局长李冰、副局长李军一行到集团调研国有资本运营公司试点工作。马正武、李友生、童来明、朱跃参加。

7 月 4 日、10 日 按照集团反腐倡廉宣传教育月活动安排，机关党委、纪委分批组织总部各党支部党员、预备党员、入党积极分子参观石景山区反腐倡廉警示教育基地。马正武等党委成员与全体党员、入党积极分子一起参加了活动。

7 月 5 日 集团党委组织 2018 年第四次理论学习中心组（扩大）集中学习，邀请全国人大常委会法制工作委员会国家法室主任武增深入解读《中华人民共和国宪法》和《中华人民共和国监察法》精神。马正武、单忠立等中心组成员参加。单忠立主持。

7 月 9 日 中国诚通“走出大山看杭州”第二届宏志班主题夏令营开营仪式在杭州举行。张相红、曹富根参加开营仪式。

7 月 9 日 经集团党委研究决定，2018 年第二轮内部巡视成立 3 个巡视组。第一巡视组，组长：董绍庄；成员：钱东、韩同伟、宋雯苑、王策、王浩宇。第二巡视组，组长：成武；成员：郭标、王解明、李志国、刘洋、宋云汉。第三巡视组，组长：杜淑明；成员：尹东晖、任静慧、张博、范凯、沈宝新。

同日 集团研究决定王济任中国诚通资产管理有限公司党委副书记、纪委书记；免去刘乃杰中国诚通资产管理有限公司党委副书记、纪委书记职务。

同日 集团党委召开2018年第二轮巡视工作启动暨巡视干部培训会议。单忠立出席会议并讲话。

7月10日 诚通商业保理有限公司（简称“诚通保理”）注册成立。

7月11日 单忠立出席香港大学生走进央企十年暨2018对话央企高管活动，并对香港大学生的提问作主题分享。

同日 《中国发展观察》杂志（2018年第13期，国务院发展研究中心主管），刊载朱跃副总裁署名文章——《对构建中国特色社会主义养老服务体系的思考与建议》。

7月12日 国家发展和改革委员会（简称“国家发改委”）办公厅印发《关于调整党政机关和国有企事业单位培训疗养机构改革联合工作组组成人员名单的通知》，正式增补中国诚通为改革联合工作组成员单位。

7月12—13日 中国纸业2018年上半年度经营分析会在浙江平湖召开。单忠立出席会议并讲话。

7月16日 中国共产主义青年团中央企业工作委员会（简称“中央企业团工委”）、中央企业青年联合会（简称“中央企业青联”）在集团总部举办2018年香港大学生北京暑期实习团赴中央企业实习结业式。单忠立出席。

同日 集团党委第一巡视组巡视诚通地产投资动员会在京召开。会前，巡视组与诚通地产投资领导班子成员召开见面沟通会。张相红作动员讲话，董绍庄进行动员部署，诸一军主持会议并作表态发言。

同日 集团党委第二巡视组召开巡视诚通基金动员会。会前，巡视组与诚通基金党政班子成员召开见面沟通会。张相红作动员讲话，成武进行动员部署，童来明主持会议并作表态发言。

7月16—17日 李友生调研集团驻渝企业。

7月17日 国资委党委委员、副主任徐福顺到集团调研指导工作。国资委考核分配局局长赵世堂、综合局巡视员刘源、研究局副局长侯洁，考核分配局制度研究处处长夏凡等陪同调研。马正武、单忠立、向宏、徐震、张相红、朱跃，总裁助理级领导及各部门负责人参加。

7月18日 集团党委第三巡视组召开巡视中国康养党委动员会。会前，巡视组与中国康养领导班子召开见面沟通会。张相红作动员讲话，杜淑明进行动员部署，朱跃主持会议并作表态发言。

7月19日 央企结构调整ETF专题协调会在集团总部召开。会议由童来明主持，国资委资本局局长李冰出席会议并讲话，国资委产权管理局副局长谢小兵、宣传工作局综合处处长张义豪，中国中车股份有限公司（简称“中国中车”）副总裁詹艳景、中国中铁股份有限公司（简称“中国中铁”）财务总监杨良、中国铝业集团有限公司（简称“中铝集团”）总经理助理蔡安辉等出席。

7月23日 集团在京直属工会第二次会员代表大会在京召开。共有来自集团总部、在京13家选举单位的98名代表参加大会。中国财贸轻纺烟草工会全国委员会副主席王双清、国资委党建工作局副局长熊洁、中国财贸轻纺烟草工会全国委员会权益保障部部长李杰莅临大会指导，朱碧新等集团领导，集团总部职能部门负责人及集团团委书记、诚通地产投资、华贸物流领导作为特邀嘉宾出席大会开幕式。唐国良代表在京直属工会第一届委员会作题为《不忘初心 砥砺前行 凝心聚力 再立新功 开创国有资本运营公司工会工作新局面》的工作报告。大会审议了集团在京直属工会经费审查委员会主任秦炬所作的在京直属工会第一届经费审查委员会工作报告。

大会以无记名投票方式差额选举产生第二届在京直属工会委员会（按姓氏笔画排序）：王华、王军、王腾、王延胜、牛慧、邓正阳、邢军翔、朱桐、刘起正、闫耀武、纪春勤、严肃、苗卿华、欧阳南燕、单忠立、胡胜、高维军、唐国良、唐建洲。以等额方式选举产生第二届在京直属工会经费审查委员会（按姓氏笔画排序）：古亚梅、邢军翔、何姣、赵荣林、侯欣苗、宫颖昕、梁珉。在随后召开的第二届在京直属工会委员会第一次全体会议上，选举单忠立为主席，王华、王腾、刘起正、严肃、唐国良为副主席。在经费审查委员会第一次全体会议上，邢军翔当选主任；在女职工委员会第一次全体会议上，王军当选主任。

同日 党政机关和国有企事业单位培训疗养机构改革联合工作组召开改革启动会，传达中央领导批示精神。马正武在会上作《关于做好党政机关和国有企事业单位培训疗养机构改革资产接收有关准备工作情况汇报》，朱跃参加会议。

7 月 24 日 马正武在新疆乌鲁木齐出席中央企业暨 19 援疆省市国有企业产业援疆助力脱贫攻坚工作推进会、中央企业援疆干部座谈会。

7 月 25 日 马正武赴石河子调研新疆诚通西部物流有限公司，梁伟华参加。在新疆期间，马正武与新疆生产建设兵团第八师石河子市党委书记董沂峰、师长钟永毅进行座谈，双方就国企改革、基金搭建等方面合作进行深入探讨。马正武还实地调研了中哈霍尔果斯国际边境合作中心。

7 月 25—26 日 集团 2018 年年中工作会议在总部召开。会议以习近平新时代中国特色社会主义思想为指导，深入学习贯彻党的十九大、中央经济工作会议和中央企业、地方国资委负责人视频会议精神，认真总结上半年工作，部署下半年重点任务。朱碧新出席会议并作主题报告。徐震、李友生、童来明、向宏、张相红、朱跃出席会议，并结合分管工作和重点联系企业作发言点评。李友生主持会议。集团所属18家所出资企业主要负责人分别汇报了各自企业上半年经营情况、改革发展情况、存在问题、下一步工作计划和对集团工作的建议。

7月27日　集团总部召开2018年年中工作会议。马正武出席会议并讲话，朱碧新主持会议并讲话，集团其他党政领导、各部门负责人参加会议。

7月30—8月3日　集团外部董事张鹏、周勤业、孟伟林、姜尚君，朱跃一行赴美国长荣集团、菲尼克斯太阳城养老社区等单位调研，并赴HCP公司、水印美国养老社区公司等公司就养老资产运营管理和证券化业务座谈交流，实地了解美国健康养老产业运营管理模式、养老产业资产证券化等情况。

7月31日　朱碧新会见到访的俄罗斯远东发展部副部长克鲁季科夫一行，双方就在俄罗斯远东地区投资合作，特别是哈巴罗夫斯克纸浆厂项目进行深入交流。李友生参加。

☞ 8月

8月1日　集团研究决定彭新举、庞瀛任中商控股集团有限公司副总经理；孙晓非任中商控股集团有限公司总会计师；免去李建华中商控股集团有限公司副总经理职务（退休）。

8月2日　马正武会见国家电力投资集团公司党组书记、董事长钱智民一行，双方就加强战略合作进行会谈。李友生参加。

同日　李友生会见上海市发展改革研究院党委书记赵义怀一行，就国资国企改革深入交流。苗卿华参加。

8月3日 朱碧新出席诚通基金2018年半年度工作会议并讲话。童来明参加。

8月9日 中央企业智库联盟副理事长兼秘书长、国资委研究中心党委委员彭建国带领“中央企业党委（党组）发挥领导作用问题的研究”课题组成员一行七人，到集团调研党建工作。单忠立参加调研并介绍集团党建工作情况。

8月10日 集团召开所出资企业纪委书记会议，传达学习中央纪委、国资委党委关于王晓林严重违纪违法案件相关文件精神，就贯彻落实纪检监察干部监督工作座谈会、驻委纪检监察组组长陈超英在2018年中央企业纪检监察工作中期推进会议上的讲话精神进行具体部署。张相红出席会议并讲话。

同日 李友生出席诚通地产投资2018年度半年会暨第二次运营工作会并讲话。诸一军主持。

同日 朱跃出席中国康养2018年上半年工作会议并讲话。

8月15日 朱碧新会见中国银行副行长林景臻一行，双方就进一步深入合作进行交流。徐震参加。

8月16日 单忠立、李友生会见新疆生产建设兵团第十二师党委副书记、师长王炳炬一行，双方就加强合作进行交流。

同日 集团研究决定孙晋为港中旅华贸国际物流股份有限公司副总经理。

同日 集团研究决定洪军任诚通房地产投资有限公司临时党委书记；诸一军任诚通房地产投资有限公司临时党委副书记。

同日 集团研究决定聘任洪军为诚通房地产投资有限公司副总经理。

同日 集团研究决定黄欣任中国纸业投资有限公司党委书记；免去洪军中国纸业投资有限公司党委书记职务。

同日 集团研究决定聘任许仕清为中国纸业投资有限公司副总经理；免去洪军中国纸业投资有限公司董事、副总经理职务。

同日 集团研究决定杨艳枝任中储发展股份有限公司总会计师。

同日 集团研究决定李涛华任中国诚通国际贸易有限公司临时党委副书记、临时纪委书记。

8月17日 国企改革“双百行动”动员部署视频会议在国资委召开。国务院国有企业改革领导小组办公室副主任、国资委副主任翁杰明主持会议。朱碧新、集团改革办负责人、集团与“双百行动”相关的各所出资企业主要领导人及入选本次“双百企业”的主要负责人在集团参加视频会议。

8月20日 集团党委第一巡视组巡视中商控股集团有限公司（简称“中商集团”）动员会在北京召开。会前，巡视组与公司领导班子成员召开见面沟通会。张相红出席并讲话，董绍庄进行动员部署，顾来云主持会议并作表态发言。

同日 朱跃在集团总部会见国家电网有限公司副总经理刘国跃一行，双方就合作推进中央企业办医疗机构改革深入交流。

8月21日 集团党委第二巡视组巡视中国诚通东方资产经营管理公司（简称“诚通东方”）动员会在诚通东方召开。会前，巡视组与公司党委班子成员召开见面沟通会。组长张相红作动员讲话，成武进行动员部署，关武主持会议并作表态发言。

8月22日 朱碧新会见海南省旅游发展委员会主任孙颖一行，双方就推动集团与海南省改革发展深入交流。袁绍理参加会见。

8月23日 集团党委第三巡视组进驻诚通国际动员会在北京召开。会议采取视频方式，诚通国际境内外中层以上党员领导干部以及员工代表近50人参会。向宏、张相红、杜淑明出席会议并讲话，孙伯辉主持。

会前，巡视组与公司党委班子成员召开见面沟通会。

8 月 24 日 马正武、朱碧新会见盘锦市委书记付忠伟、代市长汤方栋一行，双方就进一步推进合作进行深入交流。徐震参加。

同日 朱跃主持召开国家发改委委托的“我国健康养老产业发展模式研究及投融资等影响因素分析”研究课题开题暨交流研讨会。全国老龄工作委员会办公室（简称“全国老龄办”）副主任、党组成员吴玉韶，国家中医药管理局人事教育司副司长王振宇，国务院发展研究中心、财政部、国家开发银行、中国老龄科学研究中心、中国人民大学中国社会保障研究中心等领导、专家参加会议。

8 月 27 日 经国资委研究，聘任赵淑贤为中国诚通控股集团有限公司外部董事，聘期三年（2018 年 8 月—2021 年 7 月）。

8 月 27—31 日 为增强集团领导干部运用金融手段推进国有资本运营的能力，提升领导力水平和金融领域专业素质，集团在中央社会主义学院举办为期 5 天的领导干部金融业务及领导力提升专题培训班。培训由向宏主持。朱碧新、单忠立、徐震、李友生、张相红、朱跃分别出席。集团总裁助理级领导、各部门负责人、专职派出董事及所出资二级企业主要负责人共 50 余人参加培训。

8 月 28—29 日 马正武赴贵州调研驻黔企业，并与中国贵州茅台酒厂（集团）有限责任公司（简称“茅台集团”）党委书记、董事长李保芳会谈。梁伟华参加。

8 月 29 日 国资委召开媒体通气会，通报国企国资系统以建立中国特色现代国有企业制度为统领，创新体制机制、增强企业活力有关情况。国资委副主任翁杰明出席会议并通报相关情况、回答记者提问。国资委副秘书长、新闻发言人彭华岗主持会议。朱碧新参加会议，介绍集团情况并现场回答记者提问。《人民日报》、新华社、中央电视台、《经济日报》等21家媒体参加通气会。苗卿华参加。

8月31日　为深入学习贯彻习近平总书记同团中央新一届领导班子成员集体谈话精神和团十八大精神，集团团委在革命圣地井冈山举办主题为“不忘跟党初心 牢记青春使命”团干部培训班。单忠立出席开幕式并讲话，全国青少年井冈山革命传统教育基地副主任黄鹤和苗卿华出席开幕式。集团总部机关和所出资企业共64名团干部参加本次培训。

同日　中国诚通金属集团有限公司（简称“诚通金属”）交接仪式在中国诚通资产经营管理公司（简称“诚通资产”）本部举行。朱跃出席仪式并讲话。诚通资产总部全体人员、诚通金属领导及全体留任人员参加仪式。

☞9月

9月4日　集团召开中层以上干部会议，国资委企干二局四处处长尚飞宣读了关于调整集团外部董事的决定，张鹏不再担任集团外部董事，新增赵淑贤为外部董事。

9月10日　由集团工会、团委主办，中国物流承办的第七届集团“物流杯”篮球联赛在北京五棵松篮球馆开幕。单忠立、向宏出席开幕式，并为两场揭幕战开球。吴春权出席。梁伟华代表承办方致开幕词。

9月11日　马正武在中国投资有限责任公司（简称“中投公司”）总部与中投公司总经理屠光绍进行会谈，双方就国有资本运营、基金运作等事宜进行沟通交流。

9月11—13日　第四届东方经济论坛在俄罗斯符拉迪沃斯托克举行，主题为“远东：更多机遇”。朱碧新应邀参加东方经济论坛全体会议，聆听中国国家主席习近平、俄罗斯总统普京等五国元首的致辞以及就远东政治经济形势展开的对话。论坛期间，朱碧新参加了“俄罗斯—中国商务对话”、普京总统与企业家圆桌见面会等活动并交流发言；与俄罗斯联邦工业和贸易部副部长叶普图霍夫进行会谈，双方就远东纸浆厂项目进行沟通交流。向宏参加。

9 月 12 日 朱碧新在俄罗斯出席第四届东方经济论坛期间，会见了俄罗斯副总理兼总统驻远东联邦区全权代表特鲁特涅夫。国资委国际合作局局长殷长波，向宏参加。

9 月 15—17 日 集团总部机关党委组织 33 名党员到延安开展“不忘初心、牢记使命——我是党员，我为诚通添彩”主题教育。向宏、张相红参加。

9 月 16 日 为庆祝改革开放 40 周年、中国纸业投资有限公司成立 30 周年，由中国纸业主办的“三十年初心担当 · 新时代筑梦远航”——中国纸业新时代可持续发展论坛在北京会议中心举行。马正武出席并致辞，单忠立、徐震、朱跃、唐国良出席。来自有关政府部门、行业协会、投资机构、研究机构、客户企业、高等院校等 180 多家单位的 300 余位嘉宾参与。论坛前夕，中国纸业还举行了“感恩有你 · 一路同行”中国纸业 30 周年纪念晚会，朱碧新出席并致辞。

9 月 17—18 日 马正武赴俄罗斯参加中俄投资合作委员会第五次会议并发言。在俄罗斯期间，马正武拜会了中国驻俄罗斯大使馆公使范先荣，出席格林伍德七周年音乐会，并赴格林伍德国际贸易中心调研。周立群、孙伯辉参加活动。

9 月 18 日 第七届集团“物流杯”篮球联赛在北京五棵松篮球馆闭幕。单忠立、向宏、唐国良、吴春权、梁伟华出席闭幕式，唐国良致闭幕词。

9 月 19 日 集团党委召开 2018 年第三季度党建工作例会，传达学习中央有关文件精神，通报所出资企业党建工作考核结果，交流党建工作情况，部署第四季度重点工作。单忠立主持并讲话，张相红、朱跃、苗卿华、唐国良、吴春权，以及所出资企业党委书记、纪委书记、工会主席参加会议。

9 月 26 日 集团研究决定任蒋波为港中旅华贸国际物流股份有限公司副总经理。

9 月 28 日 朱碧新会见河南投资集团有限公司党委书记、董事长、总经理刘新勇，双方就开展国有资本运营和产业合作进行深入交流。黄欣参加。

同日 朱碧新会见英国剑桥大学耶稣学院中国中心主任彼得·诺兰（Peter Nolan）一行。向宏参加。

☞10 月

10 月 9 日 全国国有企业改革座谈会在京召开。中共中央政治局委员、国务院副总理、国务院国有企业改革领导小组组长刘鹤出席会议并讲话，国务委员、国务院国有企业改革领导小组副组长王勇主持会议。马正武参加会议并代表集团作题为《打造国有资本市场化运作专业平台服务布局结构调整优化》的汇报发言。

同日 《人民政协报》第 8142 期刊登了记者对朱碧新的专访文章——《培育全球竞争力已成为中国企业发展的重要趋势——访中国诚通集团总裁朱碧新》。

10 月 11 日 在习近平总书记全国国有企业党的建设工作会议重要讲话发表两周年之际，集团党委组织理论学习中心组深入学习贯彻习近平新时代中国特色社会主义思想和党的十九大精神，再学习、再领会总书记重要讲话精神，进一步深化试点改革，加强党的建设，统一思想、提升站位、凝聚力量。马正武主持集中学习。

同日 集团召开党委会议，第一时间传达全国国有企业改革座谈会和国资委党委再学习再领会习近平总书记全国国有企业党的建设工作会议重要讲话专题学习座谈会精神。马正武主持并讲话。

10月11—12日 第四轮中日企业家和前高官对话在北京召开。国务院前副总理、中国国际经济交流中心理事长曾培炎，日本前首相福田康夫，日本经济团体联合会会长中西宏明等出席会议并致辞。中日双方代表围绕加强经济交流与合作、共同应对经济发展不确定性风险等展开深入交流。朱跃应邀出席，并在“解决人口减少和老龄化问题”话题会议中代表中方作主旨发言。

10月12日 国资委政策法规局局长郭祥玉带领国资委调研检查组到集团调研检查《中央企业主要负责人履行推进法治建设第一责任人职责规定》贯彻落实情况和“七五”普法中期工作情况。马正武出席座谈会并讲话，徐震出席，唐国良汇报有关情况。

同日 集团研究决定聘任宋志强为集团财务管理部副总经理。

同日 央企结构调整ETF完成募集。经国务院批准，在国资委指导下，集团定制了央企结构调整指数，并授权华夏、博时、银华三家基金公司发行央企结构调整ETF产品，三只ETF产品共计募集约483.4亿元。

10月16日 马正武会见博龙资本管理有限公司（Cerberus Capital Management，L. P.）联席首席执行官、资深董事总经理弗兰克·布鲁诺（Frank W. Bruno）一行。双方就在资产经营、资本运作等方面合作进行沟通交流。

10月17日、19日 中共中央政治局委员、中央外事工作委员会办公室主任杨洁篪两次莅临格林伍德国际贸易中心视察工作。外交部部长助理陈晓东、外交部欧亚司司长孙霖江、中国驻俄罗斯联邦特命全权大使李辉等陪同视察。孙伯辉参加。

10 月 17 日 马正武会见招商证券股份有限公司董事长、党委书记霍达一行，双方就深化合作关系、拓展合作领域进行交流。徐震参加。

10 月 18 日 集团在总部召开 2018 年三季度经营分析会，贯彻落实习近平新时代中国特色社会主义思想和党的十九大精神，传达全国国有企业改革座谈会精神，总结前三季度工作、部署第四季度重点工作，推动集团全面完成 2018 年预算和重点任务。朱碧新出席并讲话，徐震、朱跃出席会议，向宏主持。

10 月 21—22 日 由吉林省人民政府和东北振兴金融合作机制联合举办的“金融助振兴——吉林行动”在长春市召开。朱碧新、童来明参加活动，并出席吉林国调中车产业发展基金签约仪式。其间，朱碧新一行与中国中车集团有限公司（简称“中车集团”）总裁孙永才会谈，围绕高端制造、数字产业等领域的合作进行交流。

10 月 23 日 上海诚通股权投资基金管理有限公司（简称“上海诚通基金”）暨诚通东方混改投资基金在上海市成立，基金总规模 300 亿元。马正武出席并致辞，上海市及有关部门领导、在沪央企代表、金融机构代表等出席成立大会。会上，上海诚通基金与中国建设银行上海市分行、同济大学工程与产业研究院、中铁十八局集团有限公司签订战略合作协议。

同日 在党的十九大召开一周年、全国国有企业党的建设工作会议召开两周年之际，集团党委在无锡中储物流有限公司组织召开南方片区基层示范党支部授牌暨党支部书记座谈会，组织基层党支部书记现场交流加强基层党支部建设的经验做法。马正武出席并讲话，单忠立主持。

同日 中央企业培训疗养机构改革工作小组召开中央企业培训疗养机构改革工作动员部署会。朱跃在主会场作主题发言。

10 月 24 日 朱跃会见中央军委政治工作部老干部局副局长向双成一

行，双方就盘活新时代军队闲置资产、离退休干部健康养老等问题进行深入交流。

10 月 26 日　中央企业党的建设工作座谈会在京召开。马正武参加会议并作题为《发挥党的建设优势 破解“处僵治困”难题》的汇报发言。

同日　集团首届职工运动会在京举行。来自集团全系统 19 家单位的近 1000 名职工参加。中国财贸轻纺烟草工会社会工作部部长李杰，国资委党建工作局统战处处长史才伟，集团领导马正武、朱碧新、单忠立、徐震、童来明、向宏、朱跃、苗卿华、唐国良、王友前、吴春权，集团党委巡视组组长董绍庄、成武、杜淑明，集团所出资企业主要领导等参加本次运动会。朱碧新宣布首届运动会开幕，单忠立致开闭幕词。

10 月 29 日　集团党委第三巡视组召开诚通国际巡视情况反馈视频会。张相红、杜淑明出席会议并讲话，孙伯辉主持，向宏出席。

10 月 31 日　张相红、杜淑明到中国康养反馈巡视意见。朱跃参会并代表中国康养党委作表态发言。

☞ 11 月

11 月 1 日　国务院国有企业改革重点工作任务落实情况专项督查第四督查组到集团督查。马正武、朱碧新、姜尚君、唐国良，集团在家党委委员、经理层，有关部门负责人和职工代表，中国纸业、中国物流、诚通基金主要领导参加座谈会。

11 月 2 日　国有资本运营公司工作座谈会在集团总部召开，国资委副主任、党委委员孟建民听取汇报并讲话。国资委资本局局长李冰、财务监管与运行评价局（简称“财务局”）局长邬红兵，规划发展局（简称“规划局”）副局长郑秉伟、产权管理局（简称“产权局”）副局长李晓梁、企业改革局副局长林庆苗、考核分配局副局长万良、资本局副局长李军及有关人员参加座谈会。会议由马正武主持。朱碧新从生产经营、资本运营公司试点、基金运营、股权管理、资产经营、培育金融功能、全面加强党建七个方面报告了集团2018年1—10月重点工作完成情况，分析了面临的问题，提出了2019年工作主要思路和需要重点关注的工作。单忠立、徐震、向宏、张相红、朱跃，总裁助理级领导、各部门负责人及诚通基金负责人参加座谈。

11月5日 首届中国国际进口博览会在上海国家会展中心开幕，国家主席习近平作题为《共建创新包容的开放型世界经济》的主旨演讲，来自130多个国家的政要和有关国际组织负责人、全球商界领袖、知名专家学者，以及国内各部委、各地方约1500名代表出席开幕式。马正武带队参加博览会并应邀出席开幕式，现场聆听习近平主席重要演讲。童来明、关武、周立群、曹富根参加。

同日 马正武与外部董事周勤业、孟伟林、姜尚君、赵淑贤赴华贸物流上海空运部实地调研。中央企业专职外部董事张鹏，以及童来明、苗卿华参加调研。

同日 张相红、董绍庄到中商集团反馈巡视意见。顾来云主持会议。

11月6日 马正武会见宁波市委副书记、市长裘东耀，并共同见证集团所属中国纸业与宁波经济技术开发区、宁波国际海洋生态科技城签署战略合作框架协议。马正武一行还实地调研了宁波梅山国际物流产业集聚区、诚通财富中心（宁波）项目建设工地、保税港区集装箱码头和产业集聚区规划展示厅。黄欣、赵晓宏、曹富根、陈宇参加调研。

同日 朱碧新一行赴天津调研中国包装所属中国包装科研测试中心等科技包装板块单位，听取中国包装全面工作汇报。李华参加。

同日 集团在京直属工会召开委员会全体会议，传达学习中华全国总工会第十七次全国代表大会精神，部署集团在京直属工会2018年年底前和2019年重点工作。单忠立出席会议并讲话。唐国良通报集团首届职工运动会整体情况。

同日 诚通地产投资召开集团党委第一巡视组巡视情况反馈视频会。张相红、董绍庄出席会议并讲话。洪军主持，诸一军作表态发言。

11月7日 集团党委在诚通资产召开北方片区基层示范党支部授牌暨党支部书记座谈会，组织基层党支部书记现场交流加强基层党支部建设的经验做法。单忠立出席会议并讲话。苗卿华主持。

同日 中央企业交易团中国诚通交易分团在首届中国国际进口博览会上举行集体签约仪式。童来明出席并见证签约，关武出席。

11月8日 马正武赴中储智运实地调研并召开中储智运战略发展座谈会。赵晓宏参加。

同日 朱碧新一行赴中国物流调研，听取中国物流全面工作汇报。徐震参加。

同日 诚通基金召开集团党委第二巡视组巡视情况反馈会。张相红、成武出席会议并讲话，童来明主持。

11月9日 公安部副部长孟庆丰一行莅临格林伍德国际贸易中心，就海外华人华侨权益保护等问题进行调研考察。中国驻俄罗斯联邦大使馆警务参赞朱荣辉参加。

同日 集团党委召开二届七十次会议，传达学习中国妇女第十二次全国代表大会精神，并集体接见新当选中华全国妇女联合会第十二届执行委员会委员、诚通基金副总经理方向明。

同日 朱碧新一行赴诚通资产调研，听取诚通资产全面工作汇报。徐震参加。

11月12—17日 单忠立带队赴河南宜阳县考察督导定点扶贫工作，与宜阳县委书记安颖芳等主要领导会谈，积极支持、督促地方政府完成脱贫攻坚任务，打赢脱贫攻坚战。

11 月 13 日 朱碧新一行赴诚通人力调研，听取诚通人力全面工作汇报。徐震、向宏参加。

11 月 14 日 集团与南京市人民政府战略合作协议签约仪式在南京举行。朱碧新与南京市市长蓝绍敏进行会谈并见证签约。童来明、南京市副市长冉华代表双方签署战略合作协议。

同日 集团党委研究决定，2018 年第三轮内部巡视成立巡视组。组长：成武；成员：李志国、钱东、韩同伟、王策。

11 月 15 日 朱碧新一行赴集团驻南京企业调研。中储股份、中国物流、中国包装、诚通基金、诚通地产投资负责人汇报工作。

同日 朱碧新一行赴江苏国信集团有限公司进行工作交流，与江苏国信集团有限公司党委书记、董事长王晖，总经理浦宝英会谈。

同日 集团党委巡视组进驻华贸物流动员会在上海召开。张相红、成武出席会议并讲话。孙晋主持。巡视组会前与公司党委班子成员召开见面沟通会。

11 月 16 日 集团党委第二巡视组召开诚通东方巡视情况反馈会。张相红、成武出席会议并讲话，关武主持。

11 月 21 日 朱碧新一行赴诚通财务调研，听取诚通财务全面工作汇报。

11 月 23 日 朱碧新一行赴诚通地产投资调研，听取诚通地产投资全面工作汇报。徐震参加。

同日 集团研究决定聘任苗卿华任诚通基金管理有限公司副总经理；研究决定苗卿华任诚通基金管理有限公司临时党委书记，童来明不再担任诚通基金管理有限公司临时党委书记职务。

同日 集团董事会决定同意曾祥展代理集团董事会秘书职务，职级不变；免去苗卿华集团董事会秘书（总裁助理级）职务。

同日 集团研究决定曾鸿彬任中国诚通国际贸易有限公司集团派出董事；免去苗卿华中国诚通国际贸易有限公司集团派出董事职务。

同日 集团研究决定王华任诚通房地产投资有限公司临时党委副书记、临时纪委书记。

同日 集团研究决定薛斌任中国物资储运集团有限公司副总经理。

同日 集团研究决定张斌为中国诚通香港有限公司临时党委负责人，建议张斌代理中国诚通发展集团有限公司董事会主席职务；免去王洪信中国诚通香港有限公司临时党委副书记职务。

11 月 24 日 首届“中国互联网 + 智慧医疗”大会暨老年医学大数据专委会年会在京召开。朱跃受邀出席会议并当选首届中国老年医学大数据专业委员会副主任委员。

11 月 28 日 中国铁物与中国东方电气集团有限公司（简称“东方电气”）在北京签署战略合作协议。马正武与东方电气党组书记、董事长邹磊出席签约仪式并致辞。廖家生与东方电气党组成员、总会计师白勇分别代表双方签署战略合作协议。

同日 朱碧新在长沙分别会见了湖南省委常委、省国资委党委书记张剑飞和湖南省副省长陈飞，对进一步加强集团与湖南省合作以及集团在湘企业改革发展情况进行交流。单忠立，黄欣、张强参加。

11 月 29—30 日 朱碧新一行赴中国纸业湖南平台调研，听取中国纸业全面工作汇报，并实地考察怀化基地，查看企业生产运营情况。单忠立参加。

11 月 30 日 中国铁物与晋商银行在北京签署战略合作协议。马正武会见晋商银行党委副书记、行长唐一平一行。

☞ **12 月**

12 月 5 日　朱碧新赴中储股份调研，听取全面工作汇报，就下一步工作提出要求。徐震参加。

12 月 7 日　朱碧新赴中商集团调研，听取全面工作汇报，就下一步工作提出要求。徐震参加。

12 月 10 日　集团党委巡视组召开巡视诚通香港、诚通投资、诚通资产动员会。张相红、成武进行动员部署，张斌主持会议并作表态发言。会前，张相红与被巡视单位班子成员召开见面沟通会。

12 月 12 日　马正武会见中国平安保险（集团）股份有限公司董事长马明哲一行，双方就深化合作关系、拓展合作领域进行交流。童来明、朱跃参加。

12 月 14 日　中央和国家机关培训疗养机构改革领导小组召开中央和国家机关培训疗养机构改革动员部署会，朱跃受邀在主会场参会。随后，在集团召开中央企业培训疗养机构改革填报系统业务培训会。来自中央企业的 66 个单位共 148 人参加培训。

12 月 16 日　朱碧新受邀出席由北京市人民政府国有资产监督管理委员会（简称“北京市国资委”）和清华大学联合举办的北京市国资委系统改革发展工作研讨会并作主题发言。

12 月 17 日　集团研究决定严肃任集团专职派出董事。

同日　集团研究决定张执兵任集团纪检监察室（巡视办公室）副主任（主持工作）。

同日　集团研究决定竺小政任中国纸业投资有限公司党委副书记。

12 月 18 日　庆祝改革开放 40 周年大会在北京人民大会堂举行。中共中央总书记、国家主席、中央军委主席习近平出席大会并发表重要讲话。马正武、朱碧新在人民大会堂参加大会，集团总部全体干部职工集中观看现场直播。

12 月 18 日　集团与中国宝武钢铁集团有限公司（简称“中国宝武”）在武汉举行武汉楠山康养有限责任公司（简称“楠山康养”）划转中国康养交接仪式。朱跃与中国宝武副总经理兼中国宝武武钢集团有限公司党委书记、执行董事郭斌出席仪式并致辞。

同日　集团研究决定刘起正任集团派出联合纪检监察组组长。

12 月 18—20 日　向宏一行赴莫斯科诚通国际调研，听取诚通国际工作汇报。

12 月 19 日　向宏一行前往中国驻俄罗斯联邦大使馆拜会李辉大使，并就对俄经贸与投资合作进行深入交流。周立群、孙伯辉参加。

12 月 20 日　单忠立会见苏宁控股集团有限公司党委副书记周俭一行，双方就加强党的建设、开展精准扶贫合作等进行交流。

12 月 25 日　中国铁物与中国长城资产管理股份有限公司、国调基金、工银金融资产投资有限公司、农银金融资产投资有限公司、民生银行、招商银行、深圳市伊敦传媒投资基金合伙企业（有限合伙）7 家投资机构在中国铁物总部签署共计 70. 5 亿元的市场化债转股合作协议。马正武出席并致辞。

同日　集团研究，并报国资委同意，决定张敏任集团总部机关党委书记（总裁助理级）。

同日　集团研究决定聘任邢军翔为集团审计部总经理，王景崧为集团资本运营部总经理，张威为集团金融管理部总经理。

12 月 26 日　朱碧新在银川分别拜会了宁夏回族自治区党委书记、自治区人大常委会主任石泰峰，宁夏回族自治区党委副书记、银川市委书记姜志刚，宁夏回族自治区党委常委、纪委书记、监委主任许传智等，对进一步加强集团与宁夏合作以推动集团驻宁夏企业改革发展进行交流。单忠立、黄欣参加。

同日 朱碧新为诚通基金全体党员讲专题党课。

同日 集团研究决定聘任黄燕为中国健康养老集团有限公司副总经理。

同日 诚通国贸党员大会在杭州召开，张相红出席并讲话。曹富根作题为《把握新时代要求 推动高质量发展 为诚通国贸向一流贸易公司迈进而努力奋斗》的党委工作报告。

同日 徐震以“进一步贯彻中央经济工作会议精神，更好发挥财务公司作用”为主题，为诚通财务全体党员、入党积极分子讲授专题党课。

12 月 27 日 童来明到中国物流为总部及在京所出资企业党员讲授专题党课。

同日 集团纪委组织对 2018 年总部新进人员、驻京所出资企业新任总经理助理及以上人员进行集体廉洁谈话。张相红出席会议并讲话。

同日 张相红到诚通资产，就“贯彻党的路线精神，进一步深化企业改革发展”讲授专题党课。

同日 朱跃在中国康养为全体党员讲专题党课。

同日 中国康养所属楠山康养策划实施的“楠山有约”智慧社区居家养老项目荣获湖北省首届“工友杯”职工创业创新大赛十佳创业奖。

12 月 28 日 单忠立为诚通东方全体党员、入党积极分子和业务骨干讲授专题党课。

同日 童来明为诚通香港在京全体党员、中层以上领导人员和入党积极分子讲授专题党课。

同日 中商集团第一次党代会在京召开。张相红出席大会并讲话。

同日 集团印发《中国诚通控股集团有限公司安全生产管理制度》。

12 月 29 日　中国诚通方向明建言献策工作室授牌仪式暨集团统战代表人士座谈会在诚通基金举行。单忠立出席会议并讲话，苗卿华主持。

同日　集团研究决定张执兵任集团纪检监察部副部长（主持工作），姚利军任集团巡视办公室副主任（主持工作）。

同日　集团印发《中国诚通控股集团有限公司违规经营投资责任追究实施办法（试行）》。

中国诚通集团

大事记

（二〇一九年）

CCT
中国诚通
CHINA CHENGTONG

☞ 1月

1月3日 集团在京召开党委理论学习中心组扩大会暨合规管理专题培训讲座，邀请国资委政策法规局局长郭祥玉讲授合规理念及《中央企业合规管理指引（试行）》有关内容。朱碧新主持，集团领导班子成员参加。

同日 集团研究决定童来明任北京诚旸投资有限公司执行董事（法定代表人）；顾洪林任北京诚旸投资有限公司副总经理（主持工作）。朱碧新不再担任北京诚旸投资有限公司执行董事（法定代表人）、总经理职务。

1月8日 集团2019年新春老干部团拜会在北京举行，180余名在京离退休老干部参加。马正武、朱碧新、单忠立出席会议并讲话，肖茵主持。

同日 朱跃出席2019中国适老产业发展高峰论坛并致辞。其间，朱跃参加了由国家卫生健康委员会（简称“国家卫健委”）、国家发改委、民政部、中国安装协会和中国康养联合发起的“中国适老产业公共平台、公益行、蓝皮书”启动仪式。中国康养当选首届中国适老产业委员会会长单位。黄燕参加。

1月11日 集团召开中层以上管理人员大会，国资委有关负责人宣布了有关决定：因马正武调任重要岗位工作，免去马正武中国诚通控股集团有限公司党委书记、董事长、董事职务，中国诚通控股集团有限公司党委副书记、董事、总经理朱碧新暂时主持全面工作。同时考虑中国铁路物资集团有限公司托管情况，由朱碧新负责中国铁路物资集团有限公司全面工作。

1 月 12 日 第十四届中国上市公司董事会“金圆桌”论坛暨“金圆桌奖”颁奖典礼在京举行。“金圆桌奖”首次覆盖国有独资公司建设规范董事会试点企业，集团作为首批试点之一，以“规范、有效的董事会运作以及在国有独资公司法人治理结构的创新实践”荣获公司治理卓越企业奖。

1 月 18 日 集团召开安全生产专题会议，传达 1 月 9 日国务院召开的全国安全生产电视电话会议精神，落实集团主要领导要求，总结 2018 年安全生产工作，部署 2019 年安全生产工作。李友生出席会议并讲话。

同日 “全国模范职工之家”授牌仪式在中国物流总部举行。中国财贸轻纺烟草工会代表为中国物流工会授牌。单忠立出席，唐国良参加。

同日 向宏出席诚通人力 2018 年度领导班子民主生活会。肖茵主持。

同日 朱跃出席中国康养 2018 年度领导班子民主生活会。

1 月 21 日 集团党委巡视组向诚通香港反馈巡视情况。张相红、成武出席会议并讲话，张斌主持。

1 月 22 日 集团召开传达学习中国共产党第十九届中央纪律检查委员会第三次全体会议（简称“十九届中央纪委三次全会”）精神暨党员领导干部警示教育视频会议。朱碧新出席会议并讲话，徐震通报审计署经济责任审计发现的相关问题，张相红传达学习十九届中央纪委三次全会精神、国资委机关暨中央企业党风廉政建设和反腐败工作会议精神，对2018年集团党委第二、第三轮巡视发现的问题和整改情况、巡视审计发现的共性突出问题及集团党委、纪委查处的典型案件进行通报，重申驻国资委纪检监察组《关于2019年元旦春节期间紧盯“四风”问题坚持不懈正风肃纪的通知》精神，对所出资企业年会、联欢会等事宜明确纪律要求。集团在京党政班子其他成员出席会议，单忠立主持。

同日 童来明出席诚通香港2018年度党员领导干部民主生活会。张斌主持。

1月24日 朱碧新会见中国海洋石油集团有限公司（简称“中国海油”）党组书记、董事长杨华，双方就推动海工装备平台公司运作以及在基金投资、资本运营等方面的合作进行深入交流。

同日 集团研究决定建议罗小平任北京国海海工资产管理有限公司监事。

同日 集团研究决定严肃任北京诚旸投资有限公司监事；唐国良不再担任北京诚旸投资有限公司监事职务。

同日 集团研究决定聘任张铭卫为中国诚通资产管理有限公司副总经理。

同日 诚通基金党员大会在京召开，选举产生诚通基金新一届党委委员，选举苗卿华为党委书记，魏然为党委副书记。单忠立到会并讲话。

同日 单忠立出席诚通基金2018年度党员领导班子民主生活会并讲话，苗卿华主持。

同日 童来明出席中国纸业2018年度领导干部民主生活会并讲话，黄欣主持。

同日 集团党委巡视组向华贸物流党委反馈巡视情况。张相红、成武出席会议并讲话，孙晋主持。

同日 张相红出席华贸物流2018年度领导班子民主生活会并讲话，

孙晋主持。

1月25日 总部机关党委、工会联合举办集团总部2019年春节团拜会。朱碧新对总部全体员工致以诚挚问候和新春祝福。单忠立代表集团党委、工会致辞。

同日 集团研究决定严肃任北京国海海工资产管理有限公司副总经理、董事会秘书。

同日 徐震出席中国包装党委2018年度领导班子民主生活会，李华主持。

同日 张相红出席诚通东方党委2018年度党员领导干部民主生活会，关武主持。

1月28日 单忠立出席中商集团2018年度党员领导干部民主生活会并讲话，顾来云主持。

同日 向宏出席诚通国际2018年度党员领导干部民主生活会，孙伯辉主持。

同日 童来明出席中国物流党委2018年度党员领导干部民主生活会，梁伟华主持。

同日 张相红出席诚通资产党委2018年度党员领导干部民主生活会并讲话，张宝文主持。

1月29日 集团召开2018年度党员领导干部民主生活会。国资委副主任、党委委员翁杰明到会督导并讲话，朱碧新主持会议。集团领导班子及成员以强化创新理论武装，树立"四个意识"、坚定"四个自信"、坚决做到"两个维护"，勇于担当作为，以坚决把党中央决策部署落到实处为主题，联系工作实际，进行自我检查、党性分析，开展批评和自我批评。国资委企业改革局副局长吴同兴以及党建工作局党建处、企干二局四处、驻委纪检监察组九室等有关人员参加。

同日 国资委副主任、党委委员翁杰明在集团总部慰问集团统战代表人士方向明，代表国资委党委向方向明和所有统战人士致以诚挚问候和新春祝福。朱碧新、单忠立，国资委企业改革局副局长吴同兴、党建工作局党建处处长丁少中陪同参加。

1 月 30 日 徐震出席诚通财务 2018 年度领导干部民主生活会，秦炬主持。

同日 李友生出席中储股份、诚通地产投资 2018 年度党员领导干部民主生活会并讲话，韩铁林、洪军分别主持。

1 月 31 日 朱碧新、单忠立分别前往集团离休老干部、老党员家中走访慰问，张敏、肖茵参加。

☞ 2 月

2 月 1 日 李友生出席诚通国贸党委 2018 年度领导班子民主生活会并讲话，曹富根主持。

2 月 15 日 朱跃会见国家开发银行扶贫金融事业部基础设施局副局长马梅梅，双方就加强健康养老领域合作进行深入交流。

2 月 19 日 童来明会见黑龙江省国资委副主任龙玉祥，双方就加强在国资国企改革、基金等领域合作进行交流。

2 月 21—22 日 集团 2019 年工作会议暨二届七次职工代表大会在京召开。大会以习近平新时代中国特色社会主义思想为指导，深入学习贯彻党的十九大，十九届二中、三中全会和中央经济工作会议精神，认真落实国资委中央企业负责人会议总体部署与要求，回顾总结集团 2018 年工作及资本运营试点以来的工作，深入分析当前形势，研究部署 2019 年及下一阶段工作。国资委资本局副局长李军出席会议并讲话。原国内贸易部副部长陆江，原国家国内贸易局副局长丁俊发，审计署企业审计五局副局长孔繁杰，集团外部董事孟伟林、姜尚君，集团领导朱碧新、单忠立、徐震、李友生、童来明、向宏、张相红、朱跃，集团老领导洪水坤、顾向东、成武、蔡桂茹出席会议。朱碧新作题为《持续深化改革 不断强化管理 努力开创国有资本运营高质量发展新局面》的工作报告。2018 年，集团实现营业收入 1009.73 亿元，同比增长 21.84%；利润总额 30.26 亿元，同比增长 21.77%；资产总额 2508.58 亿元，较年初增长 48.38%；净资产 1575.72 亿元，较年初增长 50.61%。朱碧新代表集团分别与所出资企业签署了 2019 年度经营目标责任书、党建工作责任书及党风廉政建设责任书。大会授予 8 名同志和 1 个基层党组织第十六届“诚通之星”荣誉称号，对 2018 年度作出突出贡献的企业进行专项奖励。在集团二届七次职工代表大会上，审议通过《关于集团工作报告的决议》等决议和职工代表大会 2019 年主要工作安排。

2 月 22 日 集团召开 2019 年党建工作会暨党风廉政建设和反腐败工作会议。朱碧新出席会议并讲话，张相红作党风廉政建设和反腐败工作报告并传达中央有关文件精神，单忠立主持。集团党政班子成员、所出资企业党政纪主要领导及职工代表参加。

同日 由国家发改委、民政部、国家卫健委联合举办的城企联动普惠养老专项行动启动专题会议在京召开。朱跃出席会议并代表集团与武汉市人民政府签署合作协议。

2 月 23 日 朱跃出席中国康养 2019 年工作会并讲话，黄燕主持。

2 月 24 日 童来明出席中国物流 2019 年工作会议暨一届四次职工代表大会并讲话。

2 月 25—26 日 李友生出席诚通地产投资 2019 年工作会议并讲话。

2 月 26 日 向宏出席诚通国际 2019 年工作会议并讲话，会议在莫斯科和北京两地以视频形式召开，孙伯辉主持。

2 月 27 日　徐震出席诚通财务 2019 年工作会议暨职工大会并讲话，秦炬主持会议。

2 月 28 日　国资委机关服务管理局副局长周勇、国家发改委体制改革综合司（简称“体改司”）公共服务体制处处长邢晓东到中国康养投资的首厚·大家（友谊健康社区）实地调研集团养老产业发展情况，并主持召开中央企业发展养老服务业座谈会。朱跃参加。

同日　李友生出席诚通国贸 2019 年工作会议并讲话，曹富根主持。

☞ 3 月

3 月 1 日　朱碧新会见吉林省副省长朱天舒一行，双方就加强深度合作、促进协同发展进行深入交流。吉林金控董事长李来华、副总裁李玉红，单忠立、徐震参加会见。

同日　教育部副部长田学军一行莅临格林伍德国际贸易中心调研考察。中国驻俄罗斯联邦大使馆教育处公使衔参赞于继海，周立群、孙伯辉等陪同调研。

3 月 5 日　集团研究决定王伶俐任集团股权管理部副总经理（主持工作）。

3 月 6 日　朱碧新会见上海国盛（集团）有限公司（简称“上海国盛”）董事长寿伟光一行，双方就推动国有资本运营公司改革发展、加强合作进行交流。

3 月 7 日　朱碧新出席诚通基金 2019 年工作会议并讲话，童来明参加。

3 月 8 日　集团召开 2019 年总部工作会议，总结 2018 年工作，分析 2019 年形势，部署总部重点工作任务。朱碧新出席并讲话，单忠立主持，徐震、李友生、向宏、张相红、朱跃出席。

3 月 10 日 境外国有资产交易平台设立与运营可行性调研课题启动会在集团总部召开。国资委秘书长彭华岗出席会议并讲话，国资委产权管理局副局长李晓梁、研究中心副主任卢永真，朱碧新、朱跃出席。

3 月 11 日 朱碧新会见丽水市市长吴晓东，双方就加强合作进行交流。童来明参加。

3 月 12 日 集团在京举办中央企业违规经营投资责任追究培训，邀请国资委监督二局局长赵红严就《中央企业违规经营投资责任追究实施办法（试行）》（国资委令第 37 号）进行政策宣贯和业务培训。朱碧新出席并讲话，徐震主持。集团领导班子成员、所出资企业党政主要领导参加培训。

3 月 16—17 日 朱碧新出席华贸物流 2019 年工作会议并讲话，陈宇作工作报告。

3 月 18 日 集团党委与苏宁易购集团股份有限公司党委在南京签署党建合作共建协议，单忠立出席签约仪式并签署合作共建协议。

同日 集团研究决定吴春权、刘起正兼任集团党委巡视组组长。王延胜任集团党群工作部（党委办公室、维稳信访办公室、工会办公室、扶贫办公室）副主任（主持工作）。免去吴春权集团党群工作部（党委办公室、维稳信访办公室、工会办公室、扶贫办公室）主任职务。

3 月 20 日 朱碧新会见到访的葡萄牙高浦能源公司首席执行官卡洛斯·达席尔瓦一行，双方就继续加强合作进行交流。

同日 朱碧新会见河南省国资委主任李涛一行，双方就推动国有资本运营公司改革发展及加强合作进行交流。李友生参加。

3 月 21 日 俄罗斯联邦委员会（议会上院）副主席乌马汉诺夫一行莅临格林伍德国际贸易中心考察。周立群、孙伯辉陪同。

3 月 22 日 集团召开安全生产工作会议，传达国资委安全生产电视电话紧急会议精神，部署安全生产隐患排查工作。李友生出席并讲话。

同日 集团“绽放激情、活力诚通”摄影作品赏析暨集团首届职工运动会摄影比赛颁奖活动在京进行。单忠立为获奖代表颁奖并致辞，唐国良宣读获奖名单。本次颁奖活动由集团摄影协会承办。

3 月 25 日 集团党委召开 2019 年一季度党委书记、纪委书记专题例会，传达学习中央有关文件精神，总结一季度党建工作推进情况，部署近期重点工作任务。单忠立主持会议并讲话，张相红，各所出资企业党委书记、纪委书记，总部机关党委委员参加会议。

3 月 26 日 集团在京召开 2019 年度法治工作会。国资委政策法规局局长郭祥玉，朱碧新出席会议并讲话，唐国良作集团法治工作报告，单忠立主持，童来明、向宏、张相红参加。

同日 李友生会见新疆生产建设兵团国资委党委委员、副主任梁东亚一行，双方就深化国资国企改革、推动国有资本运营公司改革发展及加强合作进行深入交流。

3 月 27 日 朱碧新会见花旗集团全球机构业务主席阿尔伯托·韦尔梅（Alberto Verme）一行，双方就加强合作进行深入交流。李友生参加。

3 月 28 日 中央企业法治工作互动交流协作组第十组第四次交流会在北京举行，与会人员以“中央企业知识产权保护的全景探讨”为主题进行交流。朱碧新出席并致辞，国资委政策法规局四处副处长张凤羽进行总结，唐国良主持。来自中国五矿、中国储备粮管理集团有限公司、国投开发投资集团有限公司、中国节能环保集团有限公司（简称“中国节能”）、中国国际技术智力合作集团有限公司、中国保利集团有限公司（简称“保利集团”）、中国华录集团有限公司和中国国新控股有限责任公司 8 家中央企业总法律顾问和法律事务工作人员以及相关专家、律师共同参加活动。

3 月 29 日　诚通湖岸投资管理有限公司（简称“诚通湖岸”）投资人年会在北京召开。朱碧新出席并讲话，单忠立、李友生、童来明、张相红出席会议并颁奖。

☞**4 月**

4 月 3 日　广东省省长马兴瑞一行莅临格林伍德国际贸易中心考察调研，并与园区企业代表、莫斯科州政府代表进行座谈。周立群参加。

同日　李友生赴华贸物流所属德祥物流宝山仓库进行安全检查并实地调研。陈宇、孙晋参加。

4 月 4 日　朱碧新、单忠立会见中卫市委常委、常务副市长崔昆一行，就加强合作进行交流。

同日　中央企业智库联盟召开第三届理事会会议。集团作为联盟副理事长单位应邀参会。童来明出席会议。

4 月 10 日　集团研究决定朱跃任诚通通盈基金管理有限公司执行董事（法定代表人）、总经理。王广富任诚通通盈基金管理有限公司监事。宋志强任诚通通盈基金管理有限公司财务负责人。

4 月 11 日　集团党委组织 2019 年第二次理论学习中心组扩大学习，邀请中央汇金投资有限责任公司原总经理、中投公司原副总经理，清华大学五道口金融学院教授谢平作“中国金融发展新格局”专题讲座。朱碧新主持学习。

4 月 12 日　集团党委召开巡视工作会议暨 2019 年第一轮巡视动员部署会，认真贯彻学习习近平总书记关于巡视工作重要指示精神，贯彻落实全国巡视工作会议暨十九届中央第三轮巡视动员部署会、国资委巡视工作会议暨 2019 年第一轮巡视动员部署会精神，总结集团 2018 年巡视巡察工作，部署 2019 年重点任务，推动集团巡视巡察工作不断巩固深化和高质量发展，为全面从严治党、加快改革发展提供有力支撑。张相红主持会议并讲话，成武、吴春权及所出资二级企业党委书记、纪委书记等参加会议。

同日 集团纪委组织召开年度反腐倡廉宣传教育工作部署视频会议，张相红出席并讲话。

4月13日 朱跃在青岛会见青岛市副市长栾新，双方就加强大健康产业合作进行会谈。黄燕参加。

4月15日 集团印发《中国诚通控股集团有限公司划入上市公司股份委托管理办法》。

4月16日 集团党委举行理论学习中心组（扩大）学习暨“三重一大”决策和运行监管系统建设启动会，朱碧新出席并讲话，单忠立主持。集团党政班子成员、总部各部门高级经理以上人员、在京所出资企业党政主要领导在主会场参会，各所出资企业其他党政班子成员、部门负责人及以上人员在分会场参会。

4月17日 向宏会见江苏交通控股有限公司党委书记、董事长蔡任杰和总经理张迅，双方就深化国资国企改革、推动国有资本运营公司改革发展及加强合作进行深入交流。

4月18日 单忠立会见浙江省国有资本运营有限公司党委副书记任潮龙，双方就国有资本运营公司加强党的全面领导和党的建设，切实发挥党委领导作用，推动完善公司治理等内容进行深入交流。

同日 集团研究决定刘乃杰任中国物流股份有限公司董事；免去吴延委中国物流股份有限公司副总经理职务。

同日 集团研究决定苗卿华任诚通基金管理有限公司董事；罗小平任诚通基金管理有限公司集团派出董事。

同日 集团研究决定卫保川、梁文洮任中国纸业投资有限公司外部董事，免去项振华中国纸业投资有限公司外部董事职务。宋志强任中国纸业投资有限公司集团派出监事，免去吴平中国纸业投资有限公司集团派出监事职务。聘任刘雨露为中国纸业投资有限公司副总经理。

同日 集团研究决定张斌、蔡尔达任中国诚通投资有限公司执行董事。张斌任中国诚通投资有限公司总裁，免去邬镇华中国诚通投资有限公司董事、总裁职务。

4月19日 集团纪委召开“境外项目廉洁风险防控及相关处置工作”专题会议，张相红出席并讲话。

4月22—25日 张相红到集团驻粤部分企业调研，了解基层企业党风廉政建设及生产经营情况，就相关工作提出工作要求。

4月23—25日 由湖北省发改委、武汉市人民政府主办的全国城企联动普惠养老专题调研暨经验交流活动在武汉召开。国家发改委、民政部、国家卫健委、地方省市发改委等部门相关负责人，国家开发银行、农业发展银行、工商银行、中国银行、中国光大集团股份公司等银行代表，参与城企联动普惠养老行动的12个省市、31个城市及养老龙头企业代表，国家发改委委属媒体代表等约220人参加此次活动。朱跃受邀参会，并作为优秀养老企业代表作交流发言。

4月24日 国海海工资产管理有限公司（简称“国海公司”）揭牌仪式在集团总部举行。国资委副主任孟建民、资本局局长李冰，国资委规划发展局、财务监管与运行评价局、产权管理局、企业改革局、考核分配局有关负责人，朱碧新，国海公司股东单位——中国诚通控股集团有限公司、中国海油、中国船舶重工集团有限公司、中国船舶工业集团有限公司（简称“中船工业”）、中国远洋海运集团有限公司（简称“中远海运”）、招商局集团有限公司（简称“招商局集团”）、中国交通建设股份有限公司（简称“中交集团”）有关负责人，中国石油天然气集团有限公司（简称“中国石油”）、中国石油化工股份有限公司（简称“中国石化”）、中国中化集团有限公司（简称“中化集团”）有关负责人参加揭牌仪式。孟建民、朱碧新为国海公司揭牌。

4月26日 集团纪委在红塔仁恒召开华南片区纪检监察协作组共建机制推进会暨区域办案中心启动会。张相红出席并讲话。

4月29日 诚通通盈基金管理有限公司（简称“通盈基金”）注册成立。

4月30日 纪念五四运动100周年大会在北京人民大会堂举行，习近平总书记出席大会并发表重要讲话。单忠立和集团总部30多名青年员工共同观看大会直播，第一时间聆听习近平总书记重要讲话。集团各级团组织积极组织广大团员在所在地通过电视、电脑、手机等同步收听收看。

☞5月

5月5日 集团研究决定赵玉主持诚通人力资源有限公司党委工作。免去肖茵诚通人力资源有限公司党委书记职务（退休）。

同日 集团研究决定赵玉任诚通人力资源有限公司董事（法定代表人），王腾任诚通人力资源有限公司董事，赵玉主持董事会工作，王腾主持经理层工作。免去肖茵诚通人力资源有限公司董事长（法定代表人）、董事、总经理职务（退休）。

5月9日 朱碧新出席2019全球（青岛）创投风投大会并作主题发言。

5月11日 集团总部机关工会在黄花城水长城组织植树暨春游活动，朱碧新、单忠立、向宏、张相红、吴春权、张敏参加。

5月14—17日 集团外部董事孟伟林、姜尚君、赵淑贤等一行前往集团驻重庆、泸州所出资企业调研，并赴渝富集团交流学习。

5 月 15 日　童来明会见南光（集团）有限公司（简称“南光集团”）总会计师彭晋鸿一行，双方就股权投资、国有资产境外交易等领域合作进行深入交流。

5 月 16 日　朱碧新会见先锋领航投资集团全球执委会成员兼国际业务主席詹姆斯·诺里斯（James Norris）一行，双方就加强合作进行深入交流。童来明参加。

同日　诚通地产投资党员大会在京召开，选举产生诚通地产投资党委和纪委。单忠立到会指导并讲话。

5 月 18 日　由集团在京直属工会和集团团委主办，中商集团工会和团委承办的集团“中商杯”第十届职工乒乓球赛在国家检察官学院（香山校区）体育中心落下帷幕。单忠立、唐国良出席闭幕式。

5 月 20 日　集团研究决定索嘉任中国物流股份有限公司集团派出董事，任诚通房地产投资有限公司集团派出董事。

同日　集团研究决定张斌任中国诚通香港有限公司董事长（法定代表人），王友前任中国诚通香港有限公司集团派出董事、副董事长，焦树阁、浦晓燕任中国诚通香港有限公司外部董事。

5 月 21—31 日　集团党委理论学习中心组先后邀请中国人民解放军国防大学、中共中央组织部（简称“中组部”）、国资委有关领导专家连续举办五场专题讲座，围绕战略规划制定与执行、加强党的领导和党的建设、深化国资国企改革、改革国有资本授权经营体制和推动国有资本运营公司高质量发展等重大问题进行专题讲解，进一步理清工作思路，明确努力方向。

5 月 24 日　集团香港平台整合签约仪式在集团总部举行。朱碧新出席并讲话。徐震、李友生、童来明、唐国良、王友前、张敏，集团香港平台整合工作组、筹备组、总部有关部门及相关所出资企业党政领导参加。向宏主持。

5 月 27 日 张相红在洛阳市宜阳县与县纪委、政府办、巡察办、财政局、审计局、扶贫办等部门有关人员就集团扶贫干部作风建设及扶贫项目成效等内容进行座谈。

5 月 28 日 集团在宜阳县召开 2019 年扶贫工作会，组织开展定点扶贫工作考核评议，总结交流定点扶贫工作做法，安排部署下一阶段重点任务。朱碧新出席并讲话，单忠立、徐震、张相红、朱跃参加。

同日 北京诚旸投资有限公司（简称“诚旸投资”）在京举行开业仪式，并召开全体员工大会。童来明出席并讲话，王伶俐、顾洪林参加。

5 月 29 日 朱碧新会见华润（集团）有限公司（简称“华润集团”）总经理王祥明一行，双方就推动房地产投资、境外资本运营、康养医疗等多领域合作进行深入交流。李友生、朱跃参加。

5 月 30 日 全国政协常委、外事委员会主任、财政部原部长楼继伟一行莅临莫斯科格林伍德国际贸易中心考察调研，并与驻俄中资企业代表进行座谈。周立群参加。

同日 集团纪委西北片区纪检协作组暨区域办案中心建设推进会在中冶美利云产业投资有限公司召开。张相红出席会议并讲话。

5 月 31 日—6 月 1 日 在习近平总书记对集团作出重要批示 10 周年之际，集团党委组织开展“活学活用总书记重要批示，勇当深化改革试点先锋，开创国有资本运营高质量发展新局面”专题学习活动。动员集团各级党委把再学习再领会总书记重要批示精神，与学习习近平新时代中国特色社会主义思想结合起来，与即将开展的“不忘初心、牢记使命”主题教育结合起来，与落实集团战略规划和年度工作要点结合起来，学思践悟、知行合一，努力形成推动国有资本运营公司试点改革的强大合力。集团党委召开理论学习中心组（扩大）学习会议，组织集团领导班子成员、助理级领导及总部部门负责人围绕“学习总书记重要批示精神，推进国有资本运营公司高质量发展”主题，开展理论务虚和战略研讨。

☞6月

6月3日　集团研究决定桂青任中国诚通国际贸易有限公司副总经理。

6月5日　单忠立会见湖南省商务厅副厅长王庭恺一行。张强参加。

6月7日　第二十三届圣彼得堡国际经济论坛全会在俄罗斯圣彼得堡举行，朱碧新应邀参加全会和中俄商务对话分论坛、俄罗斯总统普京与企业家圆桌见面会等活动。其间，朱碧新还分别与俄罗斯副总理特鲁特涅夫、俄罗斯总统经济顾问格拉济耶夫、俄罗斯直接投资基金总裁德米特里耶夫、俄罗斯系统公司总经理穆萨耶维奇等进行会谈，出席中俄商业领袖峰会并发言，考察莫斯科北京饭店项目。

同日　德国威廉港亚德集装箱码头营销两合有限公司、中国物流共同签订威廉港临港物流园区土地协议。童来明出席签约仪式，李向阳代表中国物流与威廉港总裁Bullwinkel签约。

6月8日　集团格林伍德会展中心项目开工仪式在莫斯科举行。中国驻俄罗斯联邦大使馆公使范先荣，朱碧新，莫斯科州政府有关领导，以及合作企业、中资机构和媒体代表共计200余人参加。周立群主持开工仪式。

同日　朱碧新对诚通国际莫斯科格林伍德国际贸易中心和友谊商城项目进行实地调研，并召开全体境外中方员工会议。周立群参加。

6月10日　集团党委召开“不忘初心、牢记使命”主题教育工作会议。国资委党委第一巡回指导组副组长王礼出席并讲话，朱碧新作动员讲话，单忠立主持会议并提出工作要求。

6月11—13日 徐震带队赴宝钢集团财务有限责任公司、上海电气集团财务有限责任公司等企业调研，诚通财务、诚通东方相关人员参加。

6月15日 第六届中国－俄罗斯博览会和第二届中俄地方合作论坛全体会议在哈尔滨举办。朱碧新参加有关活动，看望集团展台全体员工。其间，朱碧新分别拜会了黑龙江省委书记张庆伟，副省长程志明、沈莹，哈尔滨市市长孙喆，就推动集团与黑龙江下一步合作发展进行深入交流。

同日 海关总署总工程师吴幼毅一行到莫斯科格林伍德国际贸易中心考察，就中俄海关通关政策等问题进行座谈。

6月16日 最高人民法院院长、党组书记周强一行莅临格林伍德国际贸易中心考察。中国驻俄罗斯联邦大使馆公使范先荣陪同考察。

6月18日 经国资委研究，聘任曹远征为中国诚通控股集团有限公司外部董事，聘期三年（2019年6月—2022年5月）。

6月19日 中共中央政治局委员、中央政法委书记郭声琨视察莫斯科格林伍德国际贸易中心。中央政法委秘书长陈一新、中国驻俄罗斯联邦特命全权大使李辉、外交部涉外安全事务专员程国平、公安部副部长杜航伟、国家安全部副部长王裕文等陪同考察，周立群、孙伯辉参加。

同日 集团研究决定张斌任中国诚通发展集团有限公司董事会主席（法定代表人）。

同日 集团召开经济责任审计发现问题整改任务分工暨动员会议，就贯彻落实审计署要求，全面做好问题整改工作进行动员和统一部署。朱碧新主持并讲话，李友生通报审计署审计报告和审计决定的送达情况，审计署企业审计五局副局长孔繁杰到会并讲话，集团领导班子成员、总助级领导出席会议。

6月20日 集团成功发行31亿元市场化债转股专项企业债券。期限

5 年，票面利率 3.20%。

同日 国企“一带一路”ETF 专题协调会在中国职工之家召开。会议由童来明主持，上海证券交易所副总经理刘逖，国资委产权管理局副局长谢小兵、资本局资本运营处处长谭啸、宣传工作局有关人员出席会议。来自 31 家中央企业、8 家地方国有企业、部分地方国资委及基金公司的 120 余人参会。

同日 集团纪委东北片区纪检协作组暨区域办案中心推进会在沈阳召开。张相红出席并讲话，张宝文主持。

6 月 21 日 向宏到离退休管理中心调研，落实“不忘初心、牢记使命”主题教育关于“守初心、担使命，找差距、抓落实”的总体要求。

6 月 24—25 日 集团党委深入开展“不忘初心、牢记使命”主题教育第一次学习研讨，第一巡回指导组到会指导。集团领导班子成员、总部部门负责人以上人员、集团巡回指导组成员参加学习研讨。

6 月 25 日 集团组织召开“两红两优”表彰大会暨“青春心向党、作风强担当”主题辩论赛决赛。朱碧新出席并讲话，单忠立、童来明、向宏、张相红、朱跃等出席。

6 月 27 日 朱碧新出席在长沙举行的首届中非经贸博览会开幕式和湖南与央企对接合作大会。

同日 李友生出席诚通国贸“不忘初心、牢记使命”主题教育工作推进会并讲话，集团党委“不忘初心、牢记使命”第二巡回指导组成员参加。

6 月 28 日 朱碧新在长沙会见湖南省委副书记、省长许达哲，就进一步加强集团与湖南省的合作、推动央企和地方高质量发展进行深入交流。湖南省委常委、常务副省长谢建辉，省政府秘书长王群，单忠立参加会见。黄欣、曾祥展参加。

☞ **7月**

7月3日 朱碧新到中国康养、诚通地产投资开展主题教育专题调研。国资委党委主题教育第一巡回指导组全程督导调研工作，集团党委领导班子成员、第一巡回指导组成员参加调研。

同日 集团车公庄办公区正式投入使用，朱碧新，中国建筑科学研究院有限公司（简称“中国建研院”）党委书记、董事长王俊出席启用仪式并致辞。集团党政领导班子成员、中国建研院有关领导出席活动，单忠立主持仪式。

同日 朱跃会见青岛市副市长栾新一行，双方就健康养老卫生领域加强合作进行深入交流。

7月4日 中国康养与建信养老金管理有限责任公司（简称“建信养老金”）在京签署战略合作协议。朱跃与建信养老金董事长石亭峰共同出席签约仪式并致辞，黄燕与建信养老金副总裁施宇平代表双方签订协议。

同日 国资委产权管理局副局长郜志宇带领产权管理局、企业改革局和国家发改委体改司等相关部门组成的混改专题调研组对中储股份、中国物流两家企业进行实地调研，全面了解中央企业混合所有制改革情况，推进混改工作。韩铁林、李向阳参加调研。

7月5日 中央全面深化委员会改革办公室（简称“中央改革办”）督察局局长于德宝带队到集团进行落实《关于推进国有资本投资、运营公司改革试点的实施意见》专项督察。中央委员会政策研究室、中央改革办经济局副局长王兰军，朱碧新、单忠立、徐震、向宏、童来明出席会议。

同日 朱碧新以“不忘初心、牢记使命，勇当新时代深化改革试点先锋”为题，为系统全体党员讲授专题党课。国资委党委主题教育第一巡回指导组组长苏文生、集团领导班子成员参加，单忠立主持。

同日 企业破产法（修改）座谈会在集团召开。会议由国资委政策法规局副局长衣学东主持，来自国资委政策法规局、企业改革局及中国航空工业集团有限公司、中国兵器工业集团有限公司、中国华能集团有限公司、国家能源投资集团有限责任公司、中国五矿、中国诚通控股集团有限公司、中国化工集团有限公司、中国普天信息产业股份有限公司8家央企及律所、高校的专家参加座谈。

7月8日 集团党委召开“不忘初心、牢记使命”主题教育推进会暨第二季度党委书记、纪委书记例会，研究主题教育开展情况，部署推进下一步重点任务。朱碧新出席并讲话，单忠立主持。所出资企业党委、总部机关党委书记、纪委书记，基层党组织负责人、党的工作部门人员，主题教育指导组成员通过视频方式参加会议。

7月8日 集团研究决定聘任何建祥为集团法律事务部总经理。唐国良不再兼任集团法律事务部总经理职务。

同日 徐震参加中国包装党委“不忘初心、牢记使命”主题教育推进会并进行专题调研。中国包装党委班子成员、党支部书记、中层干部及职工代表参加会议。集团党委主题教育第三巡回指导组成员参加调研。

7月8—12日 单忠立先后赴华贸物流总部、深圳分公司、厦门分公司、南京分公司、德祥物流开展专题调研，并为全体党员讲专题党课。其间还赴中商集团华运物流实业公司检查工作。集团党委主题教育第二巡回指导组参加调研。

7月9日 集团纪委华北片区纪检协作组暨区域办案中心推进会在中国包装科研测试中心召开，张相红出席并讲话，李华主持。华北片区15家成员单位党组织负责人参加。

7月9—10日 张相红赴天津调研中国包装科研测试中心、中储股份天津事业部、天津诚通物流发展有限公司等基层企业，集团党委主题教育第四巡回指导组成员参加。

7月10—11日 第五轮中日企业家和前高官对话在日本东京举行。国务院原副总理、中国国际经济交流中心理事长曾培炎，日本前首相福田康夫出席会议并致辞。朱跃应邀参会，并在“应对人口减少和老龄化社会”话题会议中代表中方作主旨发言。

7月11日 向宏赴诚通人力开展“不忘初心、牢记使命”主题教育专题调研，集团党委主题教育第三巡回指导组成员参加。

7月12日 朱碧新会见宁波市委常委、北仑区委书记梁群一行，双方就进一步加强合作进行深入交流。

同日 朱碧新拜访中交集团董事长、党委书记刘起涛，总经理、党委副书记宋海良，双方就推进国企“一带一路”ETF基金等相关工作进行交流。徐震、童来明参加。

7月15日 集团党委召开主题教育第二次推进会，对集团系统主题教育进行再强调再部署。朱碧新出席会议并讲话，单忠立主持。

7月15—19日 集团党委举办诚通宏志班“走出大山看天津”第三届主题夏令营活动。单忠立出席开营仪式并致辞，李华、宜阳县城关一中40余名师生和中国包装志愿者参加夏令营。

7月16日 徐震赴诚通财务讲授题为“不忘初心、牢记使命，切实把‘12字’总要求贯彻落实到实际工作中”的专题党课。秦炬主持，集团第三巡回指导组参加。

同日 张相红到中商集团开展“不忘初心、牢记使命”主题教育专题调研，集团党委主题教育第四巡回指导组成员参加。

7月17日 朱跃到中国康养所属楠山康养、武汉诚通物流开展“不忘初心、牢记使命”主题教育专题调研，集团党委主题教育第一巡回指导组成员参加。

同日 集团和上海国盛在上海联合主办国资国企服务“一带一路”建设研讨会。童来明出席并讲话。

同日 向宏以“‘不忘初心、牢记使命’，为实现国有资本运营公司高质量发展努力奋斗”为题，为诚通人力全体党员讲授专题党课，集团党委主题教育第三巡回指导组成员参加。

同日 集团纪委华中片区纪检协作组暨区域办案中心推进会在中储恒科物联网系统有限公司召开。张相红出席并讲话，华中片区15家成员单位党组织负责人参加会议。

7月17—18日 张相红对华中地区中储股份河南事业部、中储股份汉口分公司、中国康养所属楠山康养等公司进行专题调研，同步指导推进“不忘初心、牢记使命”主题教育，集团党委主题教育第四巡回指导组成员参加。

7月18日 单忠立到国海公司开展“不忘初心、牢记使命”主题教育专题调研，集团党委第二巡回指导组成员参加。

7月19—20日 集团党委举行主题教育第二次集中学习研讨，主题是“提振精神、凝聚意志，用新时代诚通精神攻坚克难”。朱碧新主持学习，并第一时间传达中央企业负责人研讨会精神，单忠立、徐震、童来明、朱跃等作交流发言。

7月23日 集团在中国纸业召开“放歌新时代·我和我的祖国”展演活动演职人员座谈会。单忠立、黄欣出席。

同日 李友生到诚通东方开展“不忘初心、牢记使命”主题教育专题调研，并为全体党员讲授专题党课。集团党委主题教育第二巡回指导组成员参加调研。

同日 张相红到诚通基金开展“不忘初心、牢记使命”主题教育专题调研并讲授专题党课。集团党委主题教育第四巡回指导组成员参加。

7月24日 国家发改委召开关于进一步推进培训疗养机构转型发展养老服务专题座谈会。国家发改委副主任连维良主持会议。国家发改委社会发展司副司长郝福庆、体改司副司长蒋毅参加会议。朱跃作专题汇报。

7月25日 集团召开干部大会，宣布国资委党委对集团主要领导任命的决定。国资委企干二局局长姜维亮出席大会并讲话。姜维亮代表国资委党委宣读对集团主要领导的任命决定：经国资委党委研究决定，朱碧新同志任中国诚通控股集团有限公司党委书记、董事长，不再担任总经理职务；李洪凤同志任中国诚通控股集团有限公司董事、党委副书记，提名为总经理人选。

同日 张相红以“不忘初心、牢记使命，做推进诚通高质量发展的合格共产党员”为题，为中商集团讲授专题党课。顾来云主持，集团党委主题教育第四巡回指导组成员参加。

同日 向宏到诚通国际总部开展“不忘初心、牢记使命”主题教育专题调研。集团主题教育第三巡回指导组参加，周立群参加。

同日 朱跃到中国物流开展“不忘初心、牢记使命”主题教育专题调研，集团第一巡回指导组参加。

同日 为庆祝中华人民共和国成立70周年，由国资委宣传工作局主办的“放歌新时代·我和我的祖国”中央企业经典爱国主义歌曲歌咏展演第三场在民族文化宫大剧院举办。来自集团生产一线的38名制造工人表演情景舞蹈诗《我们都是追梦人》。

7月26日 集团召开干部会议，国资委企干二局有关人员宣读关于调整集团外部董事的决定，孟伟林不再担任集团外部董事，新增曹远征为外部董事。集团董事会、党委、经营班子及相关部门负责人参加会议。

同日 根据国务院国有资产监督管理委员会提名，经集团第二届董事会第一次会议研究决定：聘任李洪凤为中国诚通控股集团有限公司总裁，朱碧新不再担任中国诚通控股集团有限公司总裁职务。

同日 集团2019年上半年生产经营分析会在北京召开。会议以习近平新时代中国特色社会主义思想为指导，认真落实党中央、国务院和国资委决策部署，稳步推进“不忘初心、牢记使命”主题教育，贯彻落实中央企业负责人研讨班精神和集团工作会议要求，认真总结集团上半年工作，部署下半年重点工作。会议还传达了全国安全生产电视电话会议精神和有关要求。朱碧新出席并讲话，李洪凤主持。审计署企业审计五局副局长孔繁杰，集团领导单忠立、李友生、向宏、张相红、朱跃出席。

同日 朱跃以“不忘改革初心、牢记政治使命，为推动我国健康养老事业和产业持续发展作出积极贡献”为题，为中国康养全系统近100名员工讲授专题党课。集团主题教育第一巡回指导组到会督导。

7月28—30日 童来明对集团部分驻海南地区企业开展“不忘初心、牢记使命”主题教育专题调研，并为中国寰岛集团有限公司（简称“中国寰岛”）、海南中商农产品中心市场有限公司党员干部讲授专题党课。集团党委主题教育第四巡回指导组参加。

7月30日 张相红到诚通资产，围绕“不忘初心、牢记使命，做推进诚通高质量发展的合格共产党员”主题讲授专题党课。

同日 张相红到诚旸投资开展主题教育专题调研。集团第四巡回指导组成员参加。

7月31日 朱碧新赴山东临清对中国纸业所属中冶纸业银河有限公司（简称“银河纸业”）开展“不忘初心、牢记使命”主题教育专题调研。集团党委主题教育第一巡回指导组成员参加。黄欣、张强作汇报。

同日 集团“勇挑千斤担、敢啃硬骨头——发挥党组织独特优势，有效破解‘处僵治困’难题”的做法，入选中组部《贯彻落实习近平新时代中国特色社会主义思想、在改革发展稳定中攻坚克难案例》，成为全党“不忘初心、牢记使命”主题教育案例、党校教学案例和教学手册案例。

☞**8 月**

8 月 1 日 单忠立带队赴乌兰察布市化德县、张家口张北县，对华贸物流下属中特物流有限公司张北换流站设备运输项目进行现场调研。集团党委主题教育第二巡回指导组参加。

同日 张相红到中商集团所属中诚草业有限责任公司开展“不忘初心、牢记使命”主题教育专题调研。集团党委主题教育第四巡回指导组参加。

8 月 2 日 总部机关党委召开“不忘初心担使命、昂首挺胸再出发”讲好诚通故事活动。集团党政班子成员、总助级领导、全体干部职工参加。张敏主持。

同日 由国海公司运营的“CJ46 海上自升式钻井平台项目”在中国船舶集团有限公司所属上海外高桥造船有限公司临港海洋工程基地举行命名交付仪式，国资委资本局局长李冰，朱碧新，中国海油党组成员、副总经理吕波等出席并发言，中船工业党组成员、总会计师贾海英为该平台命名为“亚洲奋进者一号”（Asian Endeavour 1）。该平台的顺利命名交付，标志着中央企业海工装备资产处置平台国海公司挂牌运营仅 3 个月，即圆满完成首单处置业务。

8 月 5 日 集团党委召开“不忘初心、牢记使命”主题教育调研成果交流会。朱碧新主持，集团领导班子成员分别交流调研成果。国资委党委主题教育第一巡回指导组到会指导。

同日 《学习时报》（2019 年 8 月 5 日，第 1351 期）发表朱跃署名文章《着力发展新时代健康养老事业》。

8 月 6 日 朱碧新会见普洛斯集团联合创始人、首席执行官梅志明一行。双方就推动现代物流、基金投资、金融服务等领域的合作进行深入交流。韩铁林、魏然参加。

8 月 7 日 朱碧新、李洪凤会见北京市政协党组成员、副主席林抚生一行。双方就推动国有资本运营公司改革发展、加强合作进行交流。北京市政协经济委员会主任柯文进，单忠立、李友生参加。

8 月 8—10 日 集团党委在京举办“不忘初心、牢记使命”新任党支部书记培训班。单忠立出席开班仪式并讲话，所出资企业全系统 87 名新任职党支部书记参加培训。

8 月 9 日 朱碧新拜访大家保险集团有限责任公司接管工作组组长何肖锋、副组长徐敬惠，双方就深入合作进行交流。童来明参加。

8 月 12 日 朱跃会见来访的海关总署办公厅副主任陈垂培一行，双方就海关总署威海教育培训基地目前的情况进行交流，就下一步转型发展所存在的问题交换意见，并达成共识。

8 月 13 日 集团与上海证券交易所在上海签署战略合作协议。朱碧新，上海证券交易所党委书记、理事长黄红元出席签约仪式，双方就战略合作进行深入交流。李洪凤、李友生、童来明出席。

8 月 14 日 集团与中国宝武在上海签署战略合作协议。朱碧新与中国宝武党委书记、董事长陈德荣出席签约仪式。李洪凤和中国宝武党委副书记、总经理胡望明代表双方签署战略合作协议。李友生、童来明、朱跃参加。

8 月 14—16 日 李洪凤先后调研中储股份上海地区企业、华贸物流上海总部、诚通东方、诚通国贸等企业，现场听取工作汇报，并就下一步工作提出要求。李友生参加。

8 月 16 日 中国驻俄罗斯联邦特命全权大使张汉晖调研格林伍德国际贸易中心，并出席由俄罗斯中国总商会组织召开的驻俄中资企业（机构）座谈会。俄罗斯中国总商会会长周立群主持座谈会。

8 月 19 日 集团党委召开信访维稳工作专题会议，单忠立主持并讲话，中储股份、中国纸业、中国物流、诚通资产、诚通香港和诚通人力 6 家企业代表作现场交流发言。

8 月 20 日 集团党委召开“不忘初心、牢记使命”专题民主生活会。朱碧新主持会议，国资委党委第一巡回指导组副组长王礼到会指导，集团领导班子成员参加会议。

同日 国资委资本局副局长冯凌一行到集团总部开展国有资本运营公司试点工作专题调研。李洪凤、李友生参加。

8 月 20—23 日 集团举办人力资源信息化项目培训班。向宏出席开班仪式并讲话。

8 月 21 日 李友生出席国海公司党支部“不忘初心、牢记使命”专题民主生活会。集团党委第二巡回指导组到会指导。

同日 集团研究决定邓玉山任中国物流股份有限公司副总经理，试用期一年。

同日 集团研究决定裴晓东任集团总裁办公室副主任（主持工作）；索嘉任集团战略管理部副总经理（主持工作）。竺小政不再担任集团总裁办公室主任职务。

同日 徐震出席诚通财务党委组织“不忘初心、牢记使命”主题教育专题民主生活会。秦炬主持，集团党委第三巡回指导组到会指导。

同日 童来明出席中商集团党委组织“不忘初心、牢记使命”专题民主生活会。集团党委第四巡回指导组到会指导。

同日 张相红出席诚通基金“不忘初心、牢记使命”专题民主生活会。苗卿华主持，集团党委第四巡回指导组到会指导。

同日 朱跃出席中国纸业、诚通地产投资、中国康养“不忘初心、牢记使命”专题民主生活会。集团党委第一巡回指导组到会指导。

8月22日 朱碧新出席中储股份党委“不忘初心、牢记使命”专题民主生活会并讲话。韩铁林主持。

同日 单忠立出席诚通国贸党委“不忘初心、牢记使命”专题民主生活会并讲话。曹富根主持，集团党委第二巡回指导组到会指导。调研期间，单忠立还前往杭州成禾房地产开发有限公司和中国物流（安吉）公司进行调研。

同日 李友生出席诚通东方党委“不忘初心、牢记使命”专题民主生活会。关武主持，集团党委第二巡回指导组视频参加。

同日 李友生出席华贸物流党委“不忘初心、牢记使命”专题民主生活会。孙晋主持，集团党委第二巡回指导组视频参加。

同日 向宏出席诚通国际党委“不忘初心、牢记使命”专题民主生活会视频会议并讲话。孙伯辉主持，集团党委第三巡回指导组参加。

同日 徐震出席中国包装党委“不忘初心、牢记使命”专题民主生活会。李华主持，集团党委第三巡回指导组到会指导。

8月23日 集团在总部召开华诚投资管理有限公司（简称“华诚公司”）破产终结总结座谈会。朱碧新，国资委资本局局长李冰、企业改革局副局长吴同兴出席会议。李洪凤主持，朱跃、北京市第二中级人民法院民四庭庭长李雪、华诚公司破产管理人负责人杜淑明等参加会议。

同日 向宏出席诚通人力党委“不忘初心、牢记使命”专题民主生活会并讲话。集团党委第三巡回指导组到会指导。

同日　诚通资产党委召开“不忘初心、牢记使命”专题民主生活会。童来明出席并讲话，集团党委第四巡回指导组到会指导。

8 月 27 日　诚旸投资支部党员大会在京召开，选举产生党支部委员会。单忠立出席并讲话，顾洪林主持。

同日　李友生会见新疆生产建设兵团第十二师党委常委、副师长赵来疆一行，双方就深化国资国企改革及加强合作进行深入交流。

同日　经国资委研究，徐震不再担任中国诚通控股集团有限公司总会计师职务。

8 月 28 日　朱碧新、李洪凤会见中信集团党委副书记、副董事长、总经理王炯一行，双方就深化合作进行交流。

8 月 29 日　李洪凤会见天津市津南区委书记刘惠一行，双方就推进深入合作进行交流。李友生参加。

同日　集团研究决定任命裴晓东为总部机关第一党支部书记，竺小政不再担任总部机关第一党支部书记。

同日　国海公司党员大会在京召开，会议选举产生国海公司党支部委员会。单忠立出席会议并讲话，邓明川主持。

8 月 30 日—9 月 1 日　朱碧新在海口参加海南省重大项目投资会，并先后会见海南省副省长沈丹阳等，并赴海口寰岛中学看望教职员工。童来明参加。

☞9 月

9 月 2 日　李洪凤一行到诚通资产调研，深入了解集团资产经营板块发展情况、基层企业现状和面临的问题。李友生参加。

9 月 4 日　李洪凤会见中旅金融控股（深圳）有限公司董事长、总经理郑江，双方就加强合作进行交流。李友生参加。

9月6日 李洪凤应邀出席第五届中国（四川）国际旅游投资大会、第六届四川国际旅游交易博览会开幕式，并在会前与乐山市委副书记、市长张彤在峨眉山市进行会谈，双方就加强沟通交流、寻找合作机会等相关事宜进行友好磋商。集团挂职乐山市副市长方向明参加会见。

同日 在出席第五届中国（四川）国际旅游投资大会、第六届四川国际旅游交易博览会期间，李洪凤赴中国物流股份有限公司成都分公司新都园区和成都中储发展物流有限责任公司调研，深入了解基层企业现状和生产经营中面临的问题。赵晓宏、李向阳参加。

9月9日 朱碧新会见青海省政协党组副书记、副主席王晓勇和全国政协常委、十一届青海省政协副主席马志伟一行，并就有关合作项目进行深入交流。

同日 集团纪委、总部机关纪委组织总部部分党员干部参观东城区反腐倡廉警示教育基地。张相红参加。

9月10日 集团全面深化改革领导小组办公室召开“双百企业”改革座谈会。李友生出席。

9月11日 朱碧新在集团总部会见茅台集团党委副书记、总经理李静仁一行，双方就深化合作进行交流。单忠立参加。

9月12日 国资委党委委员、副主任孟建民到国海公司调研。朱碧新，国资委资本局一级巡视员黄景安、财务局副局长王海琳、产权管理局副局长部志宇、考核分配局副局长万良，国海公司副董事长孙大陆等参加。

同日 集团党委召开“不忘初心、牢记使命”主题教育总结会。国资委党委第一巡回指导组组长苏文生出席并讲话，朱碧新代表集团党委作总结讲话，李洪凤主持，单忠立传达中央和国资委监管中央企业“不忘初心、牢记使命”主题教育第一批总结暨第二批部署会议精神。

同日 集团党委巡视组召开对中国物流、诚通资产巡视整改“回头看”进驻动员视频会。张相红、成武出席。中国物流、诚通资产党政纪负责人在主会场参加。

同日 第二届中俄金融合作论坛在俄罗斯莫斯科召开。第十二届全国政协副主席、中俄友好协会会长陈元，俄罗斯国家杜马第一副主席、俄中友好协会主席梅利尼科夫，俄罗斯总统经济顾问格拉济耶夫，中国驻俄罗斯联邦特命全权大使张汉晖，俄罗斯财政部副部长朱巴列夫、俄罗斯国家杜马金融市场委员会副主席奥列尼科夫等出席并发言。周立群与俄中实业家理事会副主席波里亚科夫主持。

同日 庆祝中华人民共和国成立 70 周年、中俄建交 70 周年、中俄友好协会成立 70 周年大会暨文艺演出在莫斯科举行。第十二届全国政协副主席、中俄友好协会会长陈元，俄罗斯国家杜马第一副主席、俄中友好协会主席梅利尼科夫，俄罗斯联邦委员会（议会上院）副主席乌马汉诺夫，中国驻俄罗斯联邦特命全权大使张汉晖，俄罗斯外交部副部长莫尔古洛夫以及中俄两国政府及各社会团体代表 1500 多人出席活动。中俄友好协会副会长、俄罗斯中国总商会会长、诚通国际总经理周立群与俄方代表共同主持庆祝大会。

9 月 17 日 诚通地产投资召开党委扩大会议，再动员、再排查、再部署、再落实国庆期间信访维稳工作。李友生出席并讲话，洪军主持。

同日 集团研究决定：杨田洲任中国诚通香港有限公司副总经理（主持工作）；王天霖、李舒放任中国诚通香港有限公司副总经理；免去张斌中国诚通香港有限公司副总经理职务。

9 月 19—20 日 中央企业助力安徽省实施长江三角洲区域一体化发展战略座谈会暨 2019 世界制造业大会在安徽合肥举行。李洪凤应邀出席。其间，李洪凤先后到中盐安徽红四方股份有限公司、中国物流安徽事业部调研。

9月19—20日 华南片区纪检协作组暨区域办案中心在中国纸业红塔仁恒举办第一期培训班，片区14家成员单位参加培训。张相红出席并讲话。

9月20—22日 朱碧新在新加坡调研中储股份所属Henry Bath集团新加坡公司、“亚洲奋进者一号”钻井平台，并会见摩科瑞能源集团董事、亚洲区总裁韩进。

9月20—23日 朱碧新赴新加坡出席2019年新加坡峰会（2019 Singapore Summit）及相关活动，并会见淡马锡国际首席运营官兼总裁谢松辉。

9日22日 李洪凤应邀出席2019第二届世界丽水人大会。

同日 李洪凤赴宁波调研中国纸业所属诚通凯胜生态建设有限公司（简称“诚通凯胜”）。

9月22—23日 单忠立一行五人到佛山华新包装股份有限公司调研指导工会工作。黄欣陪同调研。

9月23日 李洪凤赴舟山与舟山市委副书记、市长何中伟进行会谈。梁伟华、张强参加。

9月24日 集团驻沪党建（纪检）协作组启动会、华东片区纪检协作组暨区域办案中心推进会在诚通东方召开。张相红出席并讲话，华东片区37家成员单位党组织负责人参加会议。

同日 集团研究决定聘任青雷为诚通通盈基金管理有限公司总经理；免去青雷中国纸业投资有限公司总会计师职务。

9月26日 朱碧新会见全国社会保障基金理事会副理事长陈文辉，双方就进一步推进合作进行深入交流。

9月27—29日 集团党委在京举办“不忘初心、牢记使命”党务干部培训班。单忠立出席开班仪式并讲话。

☞ **10 月**

10 月 11 日　国资委党委第六巡视组巡视集团党委工作动员会召开。国资委党委第六巡视组组长骆玉林就开展巡视工作的有关情况作交流发言。朱碧新主持并作表态发言。

同日　国资委规划局局长谢军一行到集团调研指导，朱碧新、李洪凤参加调研。童来明、魏然、苗卿华参加调研。

同日　集团 2018 年度党建工作责任制考核结果为 A（优秀）。

10 月 12 日　集团研究决定成立集团总部组织机构优化、大物流改革、中国包装整合、中国国有企业混合所有制改革基金有限公司（简称“混改基金”）筹建四个领导小组。集团总部组织机构优化领导小组：朱碧新任组长，单忠立、向宏任副组长，办公室设在集团人力资源部（党委组织部）。大物流改革领导小组：朱碧新任组长，李洪凤、李友生、向宏任副组长，组员吴平、黄文敏、索嘉，办公室设在集团战略管理部。中国包装整合领导小组：李友生任组长，朱跃任副组长，组员索嘉、王广富。混改基金筹建领导小组：童来明任组长，李友生任副组长，组员张敏、曾祥展、王景崧。

10 月 13 日　通盈基金第一届董事会第一次会议暨全体员工大会在京召开。朱跃主持。

10 月 14 日　李洪凤会见中国化学工程集团有限公司（简称“中国化学”）总经理刘家强，双方就促进合作进行深入交流。李友生、童来明参加。

10 月 17 日　总部机关党委、工会共同举办首届“爱诚通，向前冲”总部机关趣味运动会。李洪凤，集团党政班子成员、总助级领导和总部各支部的97名党员群众参加。张敏主持。

10月18日 朱碧新赴宁波出席第二届世界“宁波帮·帮宁波”发展大会，并会见浙江省委副书记、宁波市委书记郑栅洁。单忠立参加会见。

10月19日 中国康养与沈阳市政府在沈阳成功签署城企联动普惠养老专项行动战略合作协议。李洪凤出席并见证签约。朱跃代表集团签约。

10月22日 朱碧新、李洪凤会见辽宁省副省长张立林一行，双方就进一步深化集团与辽宁省合作、扩大金融领域相关合作进行深入交流。童来明参加。

同日 李洪凤会见青岛市市长孟凡利一行，双方就深化在现代物流、医疗康养、基金投资等领域合作进行广泛交流。

同日 李友生会见阿里巴巴集团控股有限公司副总裁胡臣杰一行，双方就集团资本运营业务、数字化发展及加强合作进行交流。

10月23日 朱碧新会见中兴通讯股份有限公司董事长李自学一行，双方就加强合作进行深入交流。童来明参加会见。

同日 李洪凤到中国纸业总部调研，强调要克服压力完成目标、着力增强运营能力、科学制定发展战略。单忠立、李友生、童来明及中国纸业班子成员参加。

10月24日 在第二届“一带一路”国际合作高峰论坛期间，朱碧新在集团总部分别会见俄罗斯直接投资基金总裁德米特里耶夫、俄罗斯联邦委员会经济政策委员会副主席波诺马廖夫等就进一步加强合作进行深入交流。

同日 集团纪委组织对2019年总部新进人员、驻京所出资企业新任总经理助理及以上干部进行集体廉洁谈话。张相红出席会议并讲话。

10月25日 龙江振兴基金成立大会在哈尔滨举行。朱碧新出席并致辞，童来明参加。

10月28日 集团党委召开2019年第三季度党委书记、纪委书记专题例会，集体学习《中国共产党纪律处分条例》，听取所出资企业党委“不忘初心、牢记使命”主题教育整改情况及对集团党建工作责任制考核的意见建议，研究部署第四季度党建重点工作。国资委党委第六巡视组到会指导，朱碧新出席并讲话，张相红主持。

同日 集团召开2019年三季度生产经营分析会。朱碧新、李洪凤出席并讲话。童来明作集团2019年前三季度预算执行与财务情况报告，李友生主持，国资委第六巡视组有关人员、集团领导班子成员参加。

10月28—30日 集团在京直属工会在北京举办工会干部培训班，单忠立出席开班仪式并讲话。

10月29日 集团召开2019年亏损子企业专项治理和提质增效工作座谈会，分析存在的问题和不足，研讨解决措施，推动高质量发展。李洪凤主持会议并讲话。国资委第六巡视组有关人员，李友生、童来明、向宏出席。

同日 集团研究决定王军任诚通人力资源有限公司监事、监事长，免去其诚通人力资源有限公司集团派出董事职务；免去竺小政诚通人力资源有限公司监事长、监事职务。

10月29—31日 集团纪委在北京举办2019年纪检干部实务培训班。张相红出席开班仪式并讲话。

10月31日 集团召开全系统警示教育视频会议，进一步贯彻落实习近平总书记听取十九届中央第三轮巡视情况汇报时的重要讲话精神，巩固“不忘初心、牢记使命”主题教育成果，保证国资委党委第六巡视组指出问题的即知即改、立行立改，促进全面从严治党向纵深发展。朱碧新出席并讲话，单忠立、张相红分别通报违规乘坐头等舱、购买消费高档烟酒等违反中央八项规定的情况，融资性贸易、空转走单、仓单质押等违规经营问题，专项巡视及“回头看”发现的问题，纪检系统2016年以来查处的违规违纪案件。集团领导班子成员参加会议，国资委第六巡视组有关人员列席会议，李洪凤主持。

同日　集团研究决定姬书明任中储发展股份有限公司党委副书记，中储发展股份有限公司监事、监事会主席；免去王学明中储发展股份有限公司党委副书记、纪委书记、中储发展股份有限公司监事会主席、监事职务（退休）。

☞ 11月

11月4—6日　外部董事姜尚君、赵淑贤一行赴集团在南京和杭州两地的部分企业调研，如调研中储智运、华贸物流、南京诚通国际物流港有限公司、诚通国贸等。曾祥展参加。

11月5—10日　朱碧新带队参加第二届中国国际进口博览会，应邀出席开幕式，现场聆听国家主席习近平发表的主旨演讲。单忠立、李友生、童来明，集团总部及9家所出资企业共350余名专业人员参会。集团交易分团签约品种及金额均较首届博览会有所增长。

11月6日　总部机关党委自10月起组织开展的“我爱你中国”首届总部机关手机摄影大赛，共有来自总部机关6个党支部的106幅作品参赛，所有参赛作品如实记录了身边改革之美、发展之美、生活之美，以独特视角展现了诚通人的良好精神风貌。经过网络投票、机关党支部及机关群团组织评审，共有8名参赛者的作品脱颖而出，分别获得大赛一、二、三等奖。

11月7日　集团所出资企业诚通凯胜成功中标雄安新区2019年植树造林项目（秋季）生态游憩林部分施工总承包第六标段。这是诚通凯胜第三次在雄安新区中标植树造林项目。

11 月 8 日 朱碧新会见中国南光集团有限公司董事长傅建国一行，双方就加强合作进行深入交流。童来明参加。

11 月 9 日 朱碧新主持理论学习中心组（扩大）学习会议，集中学习《中共中央关于坚持和完善中国特色社会主义制度 推进国家治理体系和治理能力现代化若干重大问题的决定》（简称《决定》）和习近平总书记关于《决定》的说明，传达学习国资委党委书记、主任郝鹏在国资委党委传达学习党的十九届四中全会精神会议上的讲话精神，对学习贯彻落实工作进行部署安排。集团领导班子成员、各部门负责人及以上人员参加集中学习。

同日 集团党委在理论学习中心组（扩大）学习会议上传达国资委关于中央企业开展“总部机关化”问题专项整改工作精神，并就下一步贯彻落实专题进行安排部署。要求深入学习贯彻习近平总书记重要指示批示精神，落实中央巡视整改有关要求，切实解决中央企业“总部机关化”问题，加快推进市场化改革。

11 月 13 日 李洪凤调研中国康养。朱跃参加。

同日 李洪凤调研诚通地产投资。李友生参加。

同日 张相红、成武一行到中国物流反馈巡视整改“回头看”工作意见，并对“不忘初心、牢记使命”主题教育整改落实情况“回头看”进行督导。

11 月 14 日 李洪凤调研诚通基金。童来明参加。

同日 张相红和巡视组成员，向诚通资产党委反馈巡视整改“回头看”情况，并对诚通资产党委学习贯彻党的十九届四中全会精神和开展主题教育整改“回头看”工作进行督导。成武参加。

11 月 15 日 集团研究决定范勇宏任诚通通盈基金管理有限公司外部

董事。

同日　集团研究决定苗润生任诚通财务有限责任公司党委副书记、董事、总经理。

11 月 18 日　集团党委召开“不忘初心、牢记使命”主题教育整改落实情况“回头看”分析研判会。朱碧新主持会议并讲话。国资委党委主题教育第一巡回督导组到会指导。集团领导班子成员、总助级人员及总部部分职能部门负责人参加会议。

11 月 20 日　李洪凤赴诚通财务进行调研。童来明参加。

11 月 25—26 日　由中国国际经济交流中心和欧洲企业协会联合主办的第三轮中国—欧盟工商领袖和前高官对话在京举行，会议主题是“中国、欧盟及全球经济形势与展望”。朱跃受邀参会并发言。

11 月 27 日　朱碧新在上海会见上海市委常委、常务副市长陈寅，双方就进一步推进合作进行深入交流。

同日　集团研究决定：朱碧新不再担任港中旅华贸国际物流股份有限公司董事长（法定代表人）、董事职务；向宏、黄文敏任港中旅华贸国际物流股份有限公司集团派出董事，向宏任董事长（法定代表人）；免去曾之杰港中旅华贸国际物流股份有限公司外部董事职务。

11 月 28 日　集团资产经营升级版战略执行研讨会在总部召开。李洪凤、单忠立、李友生、童来明、向宏、朱跃出席会议，总部部门负责人及以上人员、资产经营板块相关所出资企业负责人参加会议。李友生主持。

☞ 12 月

12 月 3 日　集团与建设银行在北京举行战略合作签约仪式。朱碧新，建设银行党委副书记、行长刘桂平出席签约仪式，并就双方战略合作进行深入交流。童来明与中国建设银行副行长章更生代表双方签署战略合作协议。

同日 集团在京召开党委理论学习中心组（扩大）学习暨法治专题讲座，邀请中央党校（国家行政学院）教授、博士生导师刘锐作“企业领导干部法治思维”专题授课。朱碧新与经营班子其他成员参加学习，单忠立主持。

同日 朱碧新会见托克（Trafigura）集团董事长杰瑞米·威尔（Jeremy Weir），双方就加强合作进行深入交流。韩铁林参加会见。

12月3—4日 李友生赴海南调研，先后会见海南省国资委主任倪健、海口市政协主席郭燕红、国家开发银行海南省分行行长顾永东、海口市国资委主任陈朝芳。梁伟华参加。

12月6日 集团党委召开学习宣传贯彻党的十九届四中全会精神宣讲报告会暨动员部署会，邀请中央宣讲团成员、中央机构编制委员会办公室副主任吴知论作宣讲报告。朱碧新主持会议并对学习宣传贯彻工作进行动员部署。

12月8日 2019中国母基金年会在京举行。国调基金获评“2019年度中国最佳市场化母基金TOP50”第4名和“2019年度中国最佳私募股权投资基金TOP30”第7名，诚通基金魏然获评“2019年度中国最佳母基金投资人TOP100”第5名。

12月9日 单忠立、童来明会见岳阳市委副书记、市长李爱武一行，双方就加强合作进行深入交流。

12月9—10日 李洪凤带队赴河南宜阳县调研督导定点扶贫工作，推动落实定点扶贫工作任务。

12月10日 中国诚通生态有限公司揭牌仪式在京举行，朱碧新、单忠立出席。股东代表中国国能集团有限公司董事局主席吴国迪、江苏锦柏建设工程有限公司董事长朱国强，黄欣、张强参加。

12 月 11 日　朱碧新分别会见天津市委常委、滨海新区区委书记张玉卓，天津市副市长康义，并出席国海公司与天津东疆保税港区管理委员会签约仪式。

同日　李洪凤赴诚通人力调研。向宏参加。

同日　李洪凤赴中商集团调研。张相红参加。

同日　集团印发《中国诚通控股集团有限公司生态环境保护管理制度》。

12 月 12 日　朱碧新、李洪凤会见中国节能环保集团有限公司董事长宋鑫一行，双方就加强合作进行深入交流。李友生、童来明参加。

同日　李洪凤赴诚旸投资调研。童来明参加。

同日　集团总部机关工会第二届会员代表大会暨二届一次职工代表大会召开。共有来自集团总部各工会小组的 35 名会员代表暨职工代表参加。唐国良宣读《关于中国诚通控股集团有限公司总部机关工会召开第二届会员代表大会的批复》。张敏代表总部机关党委出席会议并讲话。大会审议通过关于第一届总部机关工会委员会、经费审查委员会工作报告的决议。在随后召开的第二届总部机关工会委员会第一次全体会议上，选举王军为主席，苏未、钱曦为副主席。在经费审查委员会第一次全体会议上，江飞当选主任；在女职工委员会第一次全体会议上，隋莘当选主任。

12 月 13 日　朱碧新会见浙商银行行长徐仁艳一行，双方就深化合作进行交流。

同日　李洪凤赴诚通香港调研。单忠立、童来明参加。

12 月 13—14 日　张相红出席中国纸业纪委在中冶纸业银河有限公司召开的纪检工作课题研讨会，并对银河纸业进行调研。黄欣参加。

12 月 15 日 朱跃应邀出席国研智库论坛·第六届年会（2019），年会主题为“国家治理现代化与中国经济新动能”。

12 月 16 日 向宏会见新疆生产建设兵团第十二师党委常委、副师长罗贵宝一行，双方就深入合作进行交流。

同日 《学习时报》刊发朱跃署名文章《发挥好国有资本投资运营公司的功能作用》。

12 月 17 日 中国康养与日本健康长寿国际交流协会在京签署合作谅解备忘录。朱跃出席签约仪式，并与协会理事长笹野贞子进行会谈。

12 月 19 日 李洪凤赴国海公司调研。

同日 李洪凤带队到诚通资产进行调研，朱跃参加。

同日 集团召开在京企业退休人员社会化管理工作启动会。向宏出席会议并讲话，赵玉主持。

12 月 23 日 朱碧新出席中信戴卡改制项目签约仪式，魏然代表国调基金签署项目协议。

12 月 26 日 集团党委组织理论学习中心组第 10 次集体学习暨务虚研讨会，深入学习贯彻党的十九届四中全会、中央经济工作会议和中央企业负责人会议精神，总结分析 2019 年工作情况，研究国有资本运营试点改革和高质量发展方向，谋划 2020 年重点工作任务。朱碧新主持学习，李洪凤和中心组成员参加学习并分别发言。

12 月 27 日 中化能源股份有限公司债转股项目签约仪式在京举行，朱跃代表北京诚通工银股权投资基金（有限合伙）出席。国资委总会计师白英姿，中化集团党组书记、董事长宁高宁，中化集团总经理、中化能源股份有限公司董事长杨华，中国工商银行副行长廖林，中国农业银行副行长湛东升等出席。

12 月 28 日 由海口市人民政府主办的共享自贸区（港）新机

遇——2019“知名企业海口行”江东新区专场活动在海口举行。李洪风出席并见证签约，李友生代表集团与海口市人民政府签署合作框架协议。李向阳参加。

12 月 31 日 人民日报社新媒体中心海外版播出 *The Wisdom of Governing China*（《国家治理的中国智慧》），对集团在国资国企改革中发挥的独特作用，以及集团作为国有资本运营公司所进行的尝试与探索等进行报道。

同日 朱碧新、李洪风会见上海市委常委、副市长吴清一行。童来明参加。

中国诚通集团

大事记

（二〇二〇年）

中国诚通
CHINA CHENGTONG

☞ **1 月**

1 月 2 日 国资委党委第六巡视组向集团党委反馈巡视情况。国资委副主任、党委委员赵爱明出席会议并讲话。国资委党委第六巡视组组长骆玉林分别向朱碧新和集团党委领导班子反馈巡视情况。朱碧新就做好巡视整改工作作表态发言。

1 月 6 日 经国资委研究，聘任姜鑫为中国诚通控股集团有限公司外部董事，聘期三年（2020 年 1 月—2022 年 12 月）；提名陈勇为中国诚通控股集团有限公司总会计师人选。

1 月 7 日 集团 2020 年新春老干部团拜会在京举行，160 余名在京离退休老干部齐聚一堂，共迎新春佳节。朱碧新、李洪凤、单忠立、向宏出席会议并讲话。肖茵主持团拜会。

1 月 9 日 朱跃出席第十二届健康中国论坛（2019 年度），并与原国务委员、第十一届全国人大常委会副委员长、中国老科学技术工作者协会会长陈至立及与会人员交流座谈。

1 月 10 日 中国康养与青岛海关在青岛签订海关总署威海教育培训基地委托管理协议，完成对海关总署威海教育培训基地的接收工作。协议的签署标志着党政机关培训疗养机构改革资产移交工作正式启动。黄燕、青岛海关副关长王学全、威海海关关长吴瑕出席签约仪式。

1 月 13—14 日 集团 2020 年工作会议暨三届一次职工代表大会在京召开。大会以习近平新时代中国特色社会主义思想为指导，深入学习贯彻党的十九大，十九届二中、三中、四中全会和中央经济工作会议精神，认真落实中央企业负责人会议总体部署和国资委党委第六巡视组巡视整改要求，回顾总结集团 2019 年工作，深入分析形势任务，部署 2020 年重点工作。原国内贸易部副部长陆江，原国家国内贸易局副局长丁俊发，审计署企业审计五局局长刘珊、一级巡视员孔繁杰，集团外部董事姜尚君、曹远征、姜鑫，集团领导朱碧新、李洪凤、单忠立、李友生、童来明、向宏、张相红、朱跃、陈勇，集团老领导洪水坤、顾向东、张宝珍、成武出席会议。中国铁物和集团所出资企业党政班子成员、预算内三级公司总经理、集团职工代表大会代表、第十七届“诚通之星”、集团总部全体人员参加会议。朱碧新作题为《解放思想，深化改革，全力推动集团高质量发展取得新成效》的讲话。李洪凤作题为《深入贯彻新发展理念，深化运营公司改革试点，全力推进集团高质量发展迈上新台阶》的工作报告。2019 年，集团实现营业收入 1073 亿元，同比增长 5.57%；利润总额 50.21 亿元，同比增长 77.83%；净利润 30.29 亿元，同比增长 67.9%；资产总额 2705 亿元，同比增长 9.34%；净资产 1705 亿元，同比增长 10.6%。会上，朱碧新代表集团与所出资企业签署 2020 年度党建工作责任书。外部董事曹远征作宏观经济形势分析报告。大会授予 8 名个人和 1 个基层企业第十七届“诚通之星”荣誉称号，对 2019 年度作出突出贡献的企业进行专项奖励。在集团三届一次职工代表大会上，审议通过《关于集团工作报告的决议》和《中国诚通集团三届一次职工代表大会决议》。

1 月 14 日 集团党委召开 2019 年度所出资企业党组织书记抓基层党建述职评议考核会议。朱碧新出席并讲话，李洪凤参加，单忠立主持会议。集团领导班子成员，述职评议考核领导小组及办公室成员，总部机关党委委员、党支部书记，所出资企业党政纪主要领导、党群部门负责人共计75人参加会议。

1月15日　《人民日报》发表朱碧新署名文章《推进国有资本运营公司高质量发展》。

同日　中国健康养老集团有限公司召开2020年工作会议。朱跃出席会议并讲话。

1月15—16日　中国储运在京召开2020年工作会议。李友生出席会议并讲话。

1月16日　诚通基金2020年工作会议在北京召开。朱碧新出席会议并讲话。童来明、陈勇出席。

同日　集团决定成立党委巡视整改工作领导小组及办公室。集团党委巡视整改领导小组，朱碧新任组长，李洪凤、单忠立任副组长，成员李友生、童来明、向宏、张相红、朱跃、陈勇。集团党委巡视整改领导小组办公室，单忠立任主任，张相红任副主任，成员张敏、裴晓东、王延胜、张执兵、姚利军。

同日　通盈基金2020年工作会议暨战略研讨会在京召开。朱跃出席会议并讲话。

1月19日　总部机关党委、工会联合举办集团总部2020年春节团拜会。集团领导与总部员工欢聚一堂，共贺新春。

1月20—21日　朱碧新、李洪凤、单忠立分别带队走访慰问离退休老干部、老党员，代表集团党委向他们及家人致以节日祝福。

1月21日　国务院发展研究中心副主任张军扩一行到集团进行国资国企改革情况专题调研。朱碧新、李洪凤参加调研并对集团改革发展情况进行汇报。国务院发展研究中心企业研究所所长马骏，副所长张文魁、袁东明，朱跃、陈勇参加调研。

同日 根据国务院国有资产监督管理委员会提名（国资任字〔2020〕7号），经中国诚通控股集团有限公司第二届董事会第四次会议研究决定，聘任陈勇为中国诚通控股集团有限公司总会计师。

1月22日 集团研究决定成立外事工作领导小组，朱碧新任组长，李洪凤任常务副组长，李友生任副组长，成员张敏、吴平、黄文敏、裴晓东、王延胜、张执兵。总裁办公室为集团外事工作领导小组日常办事机构。

1月27日 朱碧新、李洪凤等领导在公司召开会议，研究贯彻落实习近平总书记重要指示精神和国资委党委最新部署，成立主要领导挂帅的新冠肺炎疫情防控工作领导小组，并再次下发通知，对疫情防控工作进行再部署、再落实、再动员。当日，朱碧新赴中国铁物部署疫情防控工作。

1月28日 为深入贯彻落实习近平总书记关于防控新型冠状病毒工作重要指示精神和李克强总理批示要求，落实党中央、国务院、国资委党委的工作部署，助力打赢疫情防控阻击战，集团决定通过国资委专用账户，向湖北疫情防控一线捐款1000万元。

同日 集团决定成立应对新型冠状病毒感染肺炎疫情防控工作领导小组，朱碧新任组长，李洪凤任副组长，组员单忠立、李友生、童来明、向宏、张相红、朱跃、陈勇。领导小组下设办公室，领导小组办公室设在集团总裁办公室，办公室主任由李友生兼任，办公室副主任由裴晓东兼任。

1月28—30日 李洪凤代表集团党委和新冠肺炎疫情防控工作领导小组，先后到集团车公庄办公区以及中国纸业、中国物流、中国包装、中商集团、诚通基金等在京所出资企业调研疫情防控工作。

1 月 31 日 朱碧新、李洪凤、单忠立到中国康养调研疫情防控工作，并现场视频连线中国康养所属武汉楠山康养黄石有限责任公司大冶铁矿医院、南山老年公寓负责人，慰问在抗疫一线的工作人员。

☞ **2 月**

2 月 5 日 国资委党委召开中央企业加强新型冠状病毒感染肺炎疫情防控工作视频会议。会后，朱碧新立即召开会议，李洪凤、单忠立及总部有关部门负责人等参加会议，深入学习领会国资委党委书记郝鹏讲话精神和工作要求，系统梳理前一阶段疫情防控工作，对下一步抓好贯彻落实做出部署和安排。

2 月 6 日 集团党委向各所出资企业党委（支部）、总部机关党委印发《关于贯彻落实郝鹏同志在中央企业加强新型冠状病毒感染肺炎疫情防控工作视频会上讲话精神的通知》（诚通党字〔2020〕10 号），对贯彻落实国资委党委书记郝鹏重要讲话精神提出要求。

同日 朱碧新、单忠立到中商集团北京八里桥农产品中心批发市场调研疫情防控工作并慰问一线员工。顾来云参加调研。

同日 李洪凤赴中国储运、中国物流和中国纸业对新型冠状病毒感染肺炎疫情对企业复工复产影响情况进行专题调研。

2 月 7 日 李洪凤在总部听取诚旸投资顾洪林关于疫情防控及下一步投资工作的汇报。

同日 李洪凤一行赴诚通基金调研疫情防控工作情况。苗卿华作专题汇报。

2 月 10 日 朱碧新主持召开集团应对新型冠状病毒感染肺炎疫情工作领导小组会议，李洪凤、单忠立、向宏、张相红以及总部有关部门负责人参加会议，深入学习领会科学防控疫情、有序复工复产精神，系统梳理前一阶段重点工作，加强疫情科学防控，有序做好复工复产安排，明确下一步重点任务。

2 月 13 日 集团召开新冠肺炎疫情防控工作领导小组专题会，朱碧新主持会议，李洪凤、单忠立、李友生、童来明、向宏、张相红、朱跃参加，集团总助级领导及相关部门负责人列席会议。

2 月 14 日 朱碧新、单忠立、李友生、童来明、向宏、张相红、朱跃分别到中国物流、中商集团、中国康养调研指导疫情防控和物资保供工作。梁伟华、李向阳、顾来云、吴荣庆等作汇报。

2 月 17 日 中央国债登记结算有限责任公司在京举办 2020 债市发展论坛，集团应邀参加论坛并在“2019 年度中债成员综合评定”环节获评“优秀企业债发行人”。

2 月 18 日 集团在俄罗斯采购医疗防护物资驰援武汉抗疫一线。诚通国际发挥俄罗斯中国总商会会长单位和自身资源优势，继 14 日向北京市慈善协会捐赠从俄罗斯紧急采购的医用口罩、防护服、医用手套、护目镜等抗疫物资后，再次在俄罗斯采购到医用口罩 7.5 万只、N95 口罩 1.34 万只、医用帽 2 万个、医用手套 2.45 万副、防护服 208 件，驰援武汉抗疫一线。

同日 朱碧新一行到诚通基金调研疫情防控及投资工作情况。童来明、陈勇参加调研。

2 月 19 日 中国铁物召开干部会议，宣布国资委党委对中国铁物主要领导职务任免的决定。国资委企业领导人员管理二局局长姜维亮出席会议并讲话。单忠立宣读朱碧新兼任中国铁物党委书记、董事长（法定代表人）的决定，马正武不再担任中国铁物法定代表人。

同日 诚通国贸从乌兹别克斯坦采购的抗疫物资运抵上海，该批物资包括 FFP2 口罩 7.52 万只、防护服 1 万件、护目镜 5000 副，共计 554

箱。这批抗疫物资连夜由华贸物流发往湖北武汉，支援中国康养湖北地区所属医疗机构和中国人民解放军中部战区总医院汉口院区。

2 月 20 日 童来明在中国物流总部调研公司疫情防控及复工复产工作。梁伟华、李向阳等作汇报。

2 月 21 日 朱碧新到国海公司、中国储运调研指导疫情防控及生产经营工作。

同日 集团决定对总部组织机构进行调整：成立党委宣传部（企业文化部）。合并董事会办公室、总裁办公室、党委办公室，组建为集团办公室（董事会办公室、总裁办公室、党委办公室、维稳信访办公室）。合并法律事务部、审计部，组建为风控中心（法律合规部、审计部）。合并股权管理部、资本运营部，组建为资本中心（股权管理部、资本运营部）。将党群工作部（党委办公室、维稳信访办公室、工会办公室、扶贫办公室）部门名称调整为党群工作部（工会办公室、扶贫办公室、团委办公室）；将财务管理部部门名称调整为财务部；将战略管理部部门名称调整为战略发展部（改革工作办公室）；将综合管理部部门名称调整为运营管理部。

同日 陈勇到中国包装、诚通财务调研疫情防控及经营工作，代表集团党委和领导班子看望并慰问在岗干部员工。

2 月 24 日 第六期资本市场月度研讨会举行。受新冠肺炎疫情影响，股权部创新学习模式，通过企业微信形式在线举办研讨会。李友生、童来明以及来自集团有关部门、诚旸投资的 40 余人参加学习。

同日 李友生到诚通地产投资调研疫情防控及复工复产情况。

同日 向宏到诚通人力调研疫情防控及经营工作，代表集团党委和领导班子看望并慰问在岗干部员工。

2 月 25 日 李友生到中国储运调研指导疫情防控及生产经营工作。

韩铁林、赵晓宏、姬书明等参加座谈。

2 月 26 日 张相红到诚通资产调研指导疫情防控及生产经营工作，代表集团党委和领导班子看望到岗职工，并通过视频向部分居家办公的干部职工表示慰问。

同日 张相红到中商集团调研疫情防控及复工复产工作情况。

☞3 月

3 月 3 日 集团召开视频会议，传达国资委有关会议精神，通报集团相关单位的有关问题，全力支持配合北京市疫情防控工作。会议要求各级企业举一反三，立查立改，进一步筑牢首都疫情防线。朱碧新出席会议并讲话，李洪凤主持会议。

3 月 5 日 集团领导以“四不两直”方式到在京企业督导检查疫情防控和生产经营工作，宣贯集团全力支持配合首都疫情防控 31 项强化措施，对支持配合北京市疫情防控工作进行再强化、再部署。李洪凤先后到中国包装、诚通人力、集团老干部中心，查看办公区、所管理物业防控措施落实情况，详细了解员工健康状况。单忠立、李友生、童来明、向宏、张相红、朱跃分别到中国储运、中国纸业、中国物流、诚通资产、中商集团、诚通基金、中国康养、诚通地产投资、诚旸投资、国海公司、集团总部基地办公区及车公庄办公区、北京八里桥农产品中心批发市场等地督导检查。

同日 集团召开视频会议，部署进一步加强境外企业疫情防控工作。李友生主持会议，向宏出席会议并讲话。中国储运、中国纸业、中国物流、诚通香港、诚通人力、诚通国际、诚通国贸、华贸物流 8 家所出资企业汇报境外企业人员情况和疫情防控工作开展情况。

3 月 6 日 李友生到中国物流所属中国黑色金属材料北京有限公司调

研指导抗疫生产工作。

3月10日 集团团委向全体团员发出《致诚通全体团员青年的倡议书》，倡议全体团员：提高政治站位，增强全局观念，积极履职担当，勠力同心、同舟共济，在落实疫情防控责任、承担复工复产任务、实现改革发展宏伟目标中再展青春风采。

3月11日 集团研究决定集团办公室下设督查督办室，负责人为裴晓东。

3月16日 中央纪委常务委员会委员、国家监察委员会（简称“国家监委”）委员，中央纪委国家监委驻国资委纪检监察组组长、国资委党委委员陈超英到集团调研疫情防控和复工复产工作。朱碧新、李洪凤参加调研。驻委纪检监察组第三执纪监察室主任、二级巡视员叶远强，驻委纪检监察组办公室主任胡玲陪同调研。李友生、张相红、朱跃参加。

3月19日 集团研究决定南红平任中国纸业投资有限公司纪委书记。

同日 集团研究决定嵇正永任中国诚通资产管理有限公司纪委书记。

3月23日 向宏以“四不两直”方式到中国黑色金属材料北京有限公司督导检查疫情防控和安全生产工作。梁伟华作汇报。

3月24日 集团研究决定：王延胜任集团党群工作部（工会办公室、扶贫办公室、团委办公室）副部长（主持工作）；孙静任集团党委宣传部（企业文化部）副部长（主持工作）。

3月25日 集团研究决定，聘任童来明为集团资本中心（股权管理部、资本运营部）总监，王景崧为副总监兼任资本运营部总经理，王伶俐为副总监兼任股权管理部副总经理（主持工作）。聘任唐国良为集团风控中心（法律合规部、审计部）总监，邢军翔为副总监兼任审计部总经理，何建祥为副总监兼任法律合规部总经理。聘任吴平为财务部总经理，宋志强为副总经理。聘任黄文敏为运营管理部总经理，孙乾飞为副总经理。聘任裴晓东为集团办公室（董事会办公室、总裁办公室、党委办公室、维稳信访办公室）副主任（主持工作）。聘任索嘉为战略发展部（改革工作办公室）副总经理（主持工作）。曾祥展不再担任集团董事会办公室主任职务。孙静不再担任集团总裁办公室副主任职务。

同日 集团研究决定，赵玉兼任集团离退休人员管理中心副主任。

同日 集团研究建议，免去蔡显忠、刘庆武港中旅华贸国际物流股份有限公司副总经理职务。

同日 集团研究决定彭新举任中国健康养老集团有限公司副总经理，任中国健康养老集团有限公司临时党委委员。

3 月 30 日 集团研究决定对安全生产委员会成员调整，朱碧新任主任，李洪凤任常务副主任，向宏任副主任，成员单忠立、李友生、童来明、张相红、朱跃、陈勇、黄文敏。安全生产委员会办公室为安全生产委员会日常办事机构，设在集团安全生产监督管理部门。黄文敏兼主任，孙乾飞为副主任，成员由集团总部各部门负责人构成。

同日 集团研究决定对生态环境保护委员会组成人员调整，朱碧新任主任，李洪凤任常务副主任，向宏任副主任，成员单忠立、李友生、童来明、张相红、朱跃、陈勇、黄文敏。生态环境保护委员会办公室为生态环境保护委员会日常办事机构，设在集团生态环境保护监督管理部门。黄文敏兼主任，副主任为孙乾飞，成员由集团总部各部门负责人构成。

3 月 31 日 国资委党委委员、副主任孟建民到集团调研指导工作。国资委财务局局长邬红兵、副局长裴仁佺，朱碧新、李洪凤、向宏、陈勇参加调研。

同日 集团以视频会议方式召开 2020 年党风廉政建设和反腐败工作会议暨警示教育大会。朱碧新出席会议并讲话，李洪凤传达中国共产党第十九届中央纪律检查委员会第四次全体会议、国资委党风廉政建设和反腐败工作会议暨警示教育大会精神，张相红作工作报告，单忠立主持会议。

☞ **4 月**

4 月 3 日　中国纸业党委召开巡视整改专题民主生活会。单忠立到会指导，黄欣主持会议。

4 月 9 日　集团党委召开巡视整改专题民主生活会。朱碧新主持会议，国资委党委第六巡视组陈勇军、国资委党委巡视办督导处李向益到会指导，集团领导班子成员参加会议。

4 月 12 日　中国政府赴俄罗斯抗疫医疗专家组与格林伍德有关人员进行视频连线，指导在俄罗斯的中资企业抗击防控疫情工作。中国驻俄罗斯联邦特命全权大使张汉晖与中国政府赴俄罗斯抗疫医疗专家组向中资企业、旅俄华侨华人和留学生代表发放防疫物资。周立群代表中资企业在现场接受相关物资。

4 月 14—15 日　集团召开一季度经营形势分析座谈会，研判当前形势和企业情况，研究做好下一阶段经营发展工作。李洪凤出席会议，向宏主持会议。

4 月 14—15 日　陈勇先后到中国储运、中国物流、诚通地产投资调研指导工作。

4 月 20 日　集团研究决定张强任集团专职派出董事。

4 月 21 日　集团召开 2020 年安全生产暨一季度经营分析视频会议，总结交流集团一季度工作，研判疫情影响和当前形势，部署推进常态化疫情防控和经营发展工作。李洪凤出席并讲话，李友生主持并作总结。单忠立、童来明、向宏、张相红、朱跃、陈勇出席。

4月24—25日　集团与中国康养调研组专程赴北戴河，与河北省人民政府、秦皇岛市人民政府、北戴河区人民政府、北戴河新区人民政府等有关领导进行会谈，双方就北戴河培训疗养机构改革方向等问题进行深入交流，中国康养汇报了有关机构转型发展的整体规划。李洪凤、朱跃参加。

4月28—29日　集团党委以“聚焦主责主业，实现国有资本运营高质量发展”为主题，组织理论学习中心组（扩大）学习暨战略务虚研讨会。朱碧新、李洪凤作主题发言，集团部分董事、领导班子成员集中进行研讨交流，曹远征作宏观经济形势分析专题讲座。

4月30日　集团研究决定陈勇任诚通财务有限责任公司董事、董事长（法定代表人）；徐震不再担任诚通财务有限责任公司法定代表人。

☞5月

5月7日　集团援俄防疫物资运抵莫斯科。集团捐助的防疫物资，将由中国驻俄罗斯联邦大使馆统一分配，大大缓解在俄同胞药品和防疫物资紧缺的压力，对在俄同胞进一步坚定战胜疫情的信心和决心起到积极作用。

5月12日　李友生会见三亚市副市长吴海峰。

同日　集团研究决定曾祥展任集团新闻发言人；伍思球任集团专职派出董事；免去罗小平集团专职派出董事职务（退休）。

同日　集团研究决定高维军任中国包装有限责任公司党委副书记、纪委书记；免去张雷中国包装有限责任公司党委副书记、纪委书记职务。

同日　集团研究决定姬书明任诚通人力资源有限公司法定代表人、董事、党委副书记，主持董事会、党委工作；赵玉不再主持诚通人力资源有限公司董事会和党委工作。

同日 集团研究决定李向阳主持中国物流股份有限公司董事会、党委工作；免去梁伟华中国物流股份有限公司董事长（法定代表人）、董事、党委书记职务；董旭任中国物流股份有限公司董事、副总经理，主持生产经营工作；张雷任中国物流股份有限公司党委副书记、纪委书记；伍思球任中国物流股份有限公司集团派出董事；免去罗小平中国物流股份有限公司集团派出董事职务（退休）；免去高维军中国物流股份有限公司党委副书记、纪委书记职务。

同日 集团研究决定梁伟华任中国物资储运集团有限公司执行董事（法定代表人）、总经理；免去韩铁林中国物资储运集团有限公司执行董事（法定代表人）、总经理职务（退休）；免去董旭中国物资储运集团有限公司副总经理职务。

同日 集团研究决定梁伟华任中储发展股份有限公司党委书记、董事、董事长（法定代表人）；免去韩铁林中储发展股份有限公司董事长（法定代表人）、董事、党委书记职务（退休）；免去姬书明中储发展股份有限公司监事会主席、监事、党委副书记职务。

同日 集团研究决定荣晖任中国诚通东方资产经营管理有限公司副总经理，免去其中国诚通东方资产经营管理有限公司总会计师职务。

同日 集团研究决定伍思球任诚通基金管理有限公司集团派出董事、国海海工资产管理有限公司集团派出监事、中国诚通香港有限公司集团派出董事；免去罗小平诚通基金管理有限公司集团派出董事职务、国海海工资产管理有限公司集团派出监事职务、中国诚通香港有限公司集团派出董事职务（退休）。

同日 集团研究决定谢景富任诚通房地产投资有限公司副总经理、党委委员，主持党委工作；免去洪军诚通房地产投资有限公司副总经理、党委书记职务（退休）。

5 月 13 日 集团召开诚通国际境外疫情防控专题视频会议。向宏出席并讲话。

5 月 13—21 日 陈勇带队对中国纸业、诚通香港、诚通国际总部及所属 5 户重点亏损子企业的亏损专项治理情况进行调研。

5 月 15 日 童来明、向宏出席诚通基金 2019 年投资后评价反馈暨 2020 年投资后评价进场会。

5 月 17 日 集团党委委员、总会计师陈勇调研南航国际融资租赁有限公司。

5 月 18 日 集团收到中国驻俄罗斯联邦大使馆的感谢信，信中对集团积极行动，向在俄中国公民捐赠防疫物资表示感谢。集团共向在俄中国公民捐赠一次性防护口罩 90 万只、连花清瘟胶囊 5 万盒、维生素 C 片 3 万盒、清肺排毒汤 1 万份等。

5 月 20 日 集团收到中智集团的感谢信，信中对集团在疫情防控中给予的大力支持和帮助表示感谢。

5 月 21 日 李洪凤会见浙江省发改委副主任杜旭亮。李友生参加。

5 月 22 日 在国资委、上海证券交易所的大力支持下，集团旗下首单可交换公司债券成功发行，发行规模 14 亿元，期限 3 年，票面利率 0.01%。

5 月 25 日 童来明赴诚通湖岸调研。

5 月 27 日 国家发改委副主任连维良带队到集团调研，并主持召开党政机关和国有企事业单位培训疗养机构改革专题会。朱碧新、李洪凤出席，朱跃作专题汇报。

5 月 28—29 日 集团召开金融发展战略执行研讨会暨第三次党委理论中心组学习会议。李洪凤、单忠立、童来明、向宏、张相红、朱跃、陈勇出席，李友生主持。

☞ **6 月**

6 月 1 日　集团党委以“重温总书记重要批示，完善国有资本运营公司加强党的领导和党的建设体制机制”为主题，组织第四次理论学习中心组（扩大）学习。朱碧新主持并作主题发言，单忠立、张相红分别作主题发言，其他领导班子成员围绕主题进行研讨交流。

6 月 2 日　李洪凤会见秦皇岛市委副书记丁伟。朱跃参加。

同日　中共中央宣传部“学习强国”刊登《中国康养：高擎普惠养老的旗帜》一文，深入报道中国康养积极探索实践普惠养老“质量有保证、价格可负担、企业可持续”的“一杆秤”理念，持续推进养老事业产业协同发展，高度肯定了中国康养积极投身普惠养老，解决医养结合难题，引领共建养老“大健康”生态圈。

6 月 3 日　集团外部董事姜鑫到中国储运调研指导。

同日　集团改革发展案例“中国诚通打造国有资本市场化运作专业平台”入选国资委编写的《国企改革历程 1978—2018》。

6 月 8 日　集团研究决定姬书明任诚通人力资源有限公司法定代表人；赵玉不再担任诚通人力资源有限公司法定代表人。

同日　集团研究决定李大伟、李勇昭任中储发展股份有限公司董事；薛斌任中储发展股份有限公司监事、监事会主席。

同日　集团研究决定李向阳任中国物流股份有限公司法定代表人。

6 月 10 日　集团党委召开 2020 年第二季度党委书记、纪委书记专题例会。单忠立主持会议并讲话，张相红、朱跃参加。

6 月 11 日　朱碧新会见中国普天信息产业集团有限公司（简称“中国普天”）党委书记、董事长吕卫平。陈勇参加。

同日　李洪凤会见上海常务副市长陈寅并调研上海和舟山企业。李友生参加。

同日 陈勇出席诚通财务党建与企业发展战略研讨会并讲党课。

6月13日 中国康养承担的“平湖中日国际康养产业示范区（园）规划研究项目”通过评审。朱跃出席并致辞。

6月16日 陈勇出席集团民企清欠工作有关问题专项通报会议。

6月17日 上海诚通大厦启用暨中储长三角总部揭牌仪式在上海徐汇西岸国际传媒港举行。朱碧新、梁伟华、魏然等在北京会场通过视频出席仪式。上海市徐汇区委书记鲍炳章、上海市经济和信息化委员会副主任戎之勤、上海市徐汇区副区长晏波等现场出席仪式。

6月18日 集团召开“中国诚通方向明工作室”2020年重点课题研讨会。单忠立、李友生出席并讲话，曾祥展参加。

同日 集团召开资产经营2.0模式研究报告评审会。国资委原副主任、党委副书记，第十二届全国人大财经委员会副主任委员邵宁，国资委资本局局长李冰等出席会议。朱碧新、李洪凤、朱跃参加评审会，张宝文汇报研究报告的有关情况。

6月29日 童来明出席中国物流“十四五”战略规划研讨会。李向阳参加。

☞7月

7月1日 集团党委召开庆祝中国共产党成立99周年暨“两优一先”表彰大会。朱碧新以“坚持创新理论指引，大力弘扬诚通精神，为推进国有资本运营高质量发展贡献力量”为题为系统党员讲专题党课。李洪凤主持，单忠立宣读“两优一先”表彰决定。

同日 朱碧新、朱跃出席通盈基金新办公区揭牌仪式。

7月2日 国资委秘书长彭华岗到集团调研，朱碧新、李洪凤参加并作汇报。国资委产权管理局局长贾立克、全面深化改革领导小组办公室副主任季晓刚，李友生等参加。

同日　朱跃与国家开发银行副行长周清玉进行会谈。

7月7日　朱碧新、李洪凤与中国节能党委书记、董事长宋鑫，党委副书记、总经理余红辉进行会谈。李友生、陈勇参加。

同日　集团研究建议唐国良任诚通基金管理有限公司监事、监事长。

7月8日　李洪凤、朱跃赴通盈基金调研指导。

同日　《光明日报》在第12版国际新闻“全球抗疫进行时”栏目刊发《架设中俄合作抗疫的友谊之桥》一文，对诚通国际在新冠肺炎疫情全球蔓延态势下积极履行央企责任进行报道。

7月9日　北京市副市长张建东到集团调研指导，朱碧新、李洪凤、单忠立、李友生、朱跃、陈勇参加。北京市人民政府副秘书长尹培彦、市金融监管局局长霍学文、西城区区长孙硕等陪同调研。

7月上旬　集团召开三场二季度经营形势分析座谈会，对上半年企业经营情况、集团重点工作进展情况进行汇报，研判当前形势，研究做好下半年经营发展工作。李洪凤、单忠立、李友生、童来明、张相红、朱跃、陈勇、唐国良出席，向宏主持。

7月10日　单忠立赴诚通资产调研指导。

同日　集团纪委召开所出资企业纪委、派驻纪检组负责人2019年度履职情况述职会。张相红出席并讲话。

同日　朱跃会见飞利浦大中华区副总裁李涛。

7月10日、13日　集团召开上半年风险专题座谈会，听取法律合规部专题汇报。李洪凤、单忠立、李友生、童来明、张相红、陈勇、唐国良出席，向宏主持。

7月14日　李洪凤赴诚旸投资调研。童来明参加。

7月15—17日 集团党委创新举办第六期入党积极分子、预备党员培训班。

7月16日 朱碧新出席中芯国际集成电路制造（上海）有限公司（简称“中芯国际”）科创板上市仪式。国调基金作为战略投资者，对中芯国际投资10亿元，助力中芯国际登陆A股市场。

同日 李洪凤会见雏菊机构董事会主席赵洗尘。李友生、童来明、陈勇参加。

7月17—21日 李友生调研三亚、湛江、广州所出资企业。

7月22日 李洪凤与丝元投资有限责任公司（简称“丝元投资”）执行董事韩红梅进行会谈。李友生、陈勇参加。

同日 陈勇赴中国储运进行重点亏损子企业调研。赵晓宏作汇报。

7月23日 集团党委召开2020年巡视工作暨巡视整改“回头看”动员部署会。朱碧新出席并讲话，单忠立通报整改情况，张相红主持。

同日 朱跃会见毕马威企业咨询（中国）有限公司副主席吴国强。

7月24日 集团召开2020年上半年经营分析视频会。朱碧新、李洪凤出席并讲话。审计署企业审计五局处长舒文伟，集团外部董事赵淑贤、曹远征、姜鑫，集团领导单忠立、李友生、童来明、张相红、朱跃、陈勇出席会议，向宏主持会议。

7月27日 朱碧新、李洪凤会见山东省委常委、青岛市委书记王清宪。朱跃参加。

同日 朱碧新会见复星国际有限公司董事长郭广昌。童来明、朱跃参加。

同日 童来明主持召开股权管理部和诚旸投资2020年上半年工作会。

同日 诚通房地产投资有限公司自即日起更名为诚通建设有限公司

（简称“诚通建设”），原名称停止使用。

7 月 28 日　朱碧新主持召开国海公司一届七次董事会会议。

同日　朱碧新出席国海公司 2020 年工作会并讲话。中国海油党组成员、副总经理霍健出席并讲话，邓明川主持。

同日　集团召开境外疫情防控专题视频会。向宏出席并讲话。

同日　向宏出席诚通国际 2020 年上半年经营分析视频会。周立群作工作报告。

7 月 30 日　朱跃、陈勇赴中国康养调研指导。

7 月 31 日　特许公认会计师公会（ACCA）向集团颁发 ACCA 认可雇主证书，并确定集团为培训生发展类黄金级。

同日　经国资委研究，任命单忠立为中国诚通控股集团有限公司董事；聘任姜尚君、翟挨才（按姓氏笔画排序）为中国诚通控股集团有限公司外部董事，其中，姜尚君聘期两年（2020 年 5 月—2022 年 4 月），翟挨才聘期三年（2020 年 7 月—2023 年 6 月）。

☞ 8 月

8 月 3 日　朱碧新会见渝富集团党委书记、董事长李剑铭。李友生参加。

8 月 5 日　陈勇赴诚通人力、中商集团调研。

8 月 6 日　单忠立赴通盈基金调研指导。

同日　童来明出席诚通基金 2020 年上半年度工作会。

8 月 7 日　国资委党委委员、副主任袁野到集团调研指导运营公司试点工作，国资委资本局局长李冰陪同调研。朱碧新、李洪凤、单忠立、李友生、童来明、向宏、张相红、朱跃、陈勇参加座谈会。

同日　国家发改委体改司副司长万劲松调研集团培训疗养机构改革

情况。朱碧新、李洪凤出席，朱跃主持并作专题汇报。

8月10日 朱碧新会见山西省副省长卢东亮。朱跃参加。

同日 李洪凤陪同国资委总会计师白英姿赴中国建材集团有限公司（简称“中国建材”）交流。李友生参加。

同日 陈勇赴通盈基金调研。

8月10—13日 向宏调研集团驻岳阳、怀化、长沙所出资企业。

8月11日 朱碧新赴中国康养组织召开培训疗养机构批量接收与转型发展动员会。朱跃主持。

8月13日 朱碧新会见天津市委常委、天津滨海新区区委书记连茂君。邓明川参加。

8月14日 集团召开2020年法治工作会议，国资委政策法规局副局长衣学东出席，朱碧新出席并讲话，向宏主持，唐国良作工作报告。单忠立、李友生、陈勇参加。

同日 集团总部机关党委、工会组织开展纪念无名英雄烈士主题党日暨“奔跑吧，诚通人”定向越野活动。朱碧新、单忠立、李友生、向宏及总部各支部近百名党员群众参加活动，张敏主持。

8月17日 集团与浙商银行签署战略合作协议。朱碧新，浙商银行党委书记、董事长沈仁康出席。陈勇、徐仁艳代表双方签署战略合作协议。

8月17—26日 李洪凤陪同国资委总会计师白英姿调研广东、上海有关央企。李友生参加。

8月18日 全国首个党政机关培训疗养机构转型普惠养老服务设施“中国康养·盛泉·海署幸福家园”在山东威海开业。朱跃出席并致辞。

8月19日 集团党委组织第五次理论学习中心组（扩大）学习。中国人民大学法学院教授杨立新作民法典专题讲座。朱碧新主持，集团领导班子成员参加集体学习。

8 月 20 日 单忠立到中商集团讲授“党课开讲啦”专题党课。顾来云主持。

8 月 21 日 集团召开对标世界一流管理提升行动启动会。向宏主持并讲话。

同日 李洪凤与陕西省国资委主任刘斌进行会谈。李友生参加。

8 月 25 日 集团研究决定黄燕任中国健康养老集团有限公司总经理、临时党委副书记；朱跃不再担任中国健康养老集团有限公司总经理职务。

同日 集团研究决定王广富任集团资产管理部总经理；王伶俐任集团股权管理部总经理。

8 月 26 日 朱碧新会见河南省委常委、洛阳市委书记李亚。张相红、陈勇参加。

同日 朱碧新到诚通财务对口扶贫村——河南省洛阳市宜阳县苗村调研。

同日 李洪凤陪同国资委总会计师白英姿赴上海，与上海市人民政府副秘书长、中国（上海）自由贸易试验区临港新片区（简称“上海临港新片区”）管理委员会常务副主任朱芝松进行会谈。李友生参加。

8 月 27 日 集团召开定点帮扶宜阳县扶贫工作会议。朱碧新、洛阳市副市长王军出席并讲话，李洪凤、张相红、陈勇参加。

同日 集团研究决定：王延胜任集团党群工作部（工会办公室、扶贫办公室、团委办公室）部长；张执兵任集团纪委审理综合室（纪委办公室）主任；姚利军任集团巡视办公室主任。

8 月 28 日 张相红出席中国纸业深化党风廉政建设暨反腐倡廉宣传教育工作推进会并调研集团驻湘企业。

8 月 31 日 李洪凤会见丝元投资执行董事韩红梅。李友生参加。

同日　“诚通奖学基金”发放仪式在宜阳第一高级中学举行。

☞**9 月**

9 月 1 日　集团所出资企业“重庆华包文化创意有限公司‘二厂记忆’品牌规划案例”入选国资委“2019 年度中央企业品牌建设典型案例”之“品牌保护”单元。

同日　由中组部主管的《党建研究》杂志（2020 年第 9 期）刊发朱跃署名文章《坚持加强党的领导与完善企业治理相统一》。

9 月 2 日　李洪凤与中国化学总经理刘家强进行会谈。李友生参加。

同日　民政部副部长高晓兵和湖北省委常委、武汉市委书记王忠林调研集团在武汉养老机构。朱跃参加。

9 月 3 日　李洪凤会见上海临港新片区管理委员会专职副主任武伟。李友生参加。

同日　集团研究建议张英凯任诚通商业保理有限公司董事、总经理。

同日　童来明主持召开股权管理平台专题研讨会。

9 月 4 日　集团召开重大风险月会商会议暨风险管理委员会第一次会议。李洪凤出席并讲话，单忠立、李友生、童来明、张相红、陈勇出席，向宏主持。

同日　李洪凤会见上海市国资委副主任袁泉。李友生参加。

9 月 4—9 日　朱碧新带队参加 2020 年中国国际服务贸易交易会，应邀出席全球服务贸易峰会。李洪凤、朱跃，集团总部及 8 家所出资企业共百人组成中国诚通交易分团参加。

9 月 7 日　朱碧新与神州数码控股有限公司董事长、总裁郭为进行会谈。童来明、魏然参加。

9 月 8 日　李洪凤与中国国际金融股份有限公司首席执行官黄朝晖、

投资银行业务委员会副主席白英姿进行会谈。李友生、向宏、朱跃参加。

9月9日 朱碧新会见华泰证券股份有限公司首席执行官周易。童来明参加。

9月10日 李洪凤与天津泰达投资控股有限公司总经理曹群进行会谈。李友生参加。

同日 陈勇赴诚通国贸调研。

9月11日 国资委党建工作局（党委组织部、统战部）副局长（副部长）徐宇栋到集团调研方向明建言献策工作室建设情况。单忠立参加。

同日 集团与中国电子科技集团有限公司（简称“中国电科”）就天津力神电池股份有限公司（简称“力神电池”）股权重组及划转签约进行会谈。朱碧新、童来明出席。国资委规划局局长谢军，中国电科副总会计师董学思等出席。

9月14日 朱碧新与茅台集团党委副书记、总经理李静仁进行会谈。李向阳参加。

9月16日 集团党委组织第六次理论学习中心组（扩大）学习，深入学习《习近平谈治国理政》第三卷和习近平总书记近期重要讲话精神。朱碧新、李洪凤及理论学习中心组成员参加。

9月18日 朱碧新与山东省委常委、青岛市委书记王清宪进行会谈。魏然参加。

同日 朱碧新与海尔集团公司董事局主席、首席执行官张瑞敏进行会谈。魏然参加。

9月22日 朱碧新出席集团与武汉市战略合作签约仪式，并与湖北省委常委、武汉市委书记王忠林，市委副书记、市长周先旺座谈。单忠立、童来明、朱跃参加。

同日 集团研究决定吴荻任集团国际业务部总经理；罗林任集团金

融管理部副总经理。

同日 朱碧新调研集团驻武汉企业。单忠立、童来明、朱跃参加。

9月23日 李友生会见汕头市副市长赵志涛。

9月24日 张相红出席“青春心向党 作风强担当”知识竞赛决赛并讲话。中国包装代表队荣获一等奖，诚通人力代表队、诚通基金代表队荣获二等奖，诚通香港代表队、中国储运代表队和诚通财务代表队获得三等奖。

9月24—27日 单忠立调研中国物流基层党建工作。李向阳参加。

9月25日 张相红赴诚通人力讲授“党课开讲啦”专题党课。姬书明主持。

9月27日 张相红赴诚通国贸讲授专题党课并开展专题调研。曹富根主持。

9月28日 集团2019年度党建工作责任制考核结果为A。

同日 集团研究决定钟天崎、李良英任中国纸业投资有限公司副总经理。

同日 李友生会见云南省投资控股集团有限公司党委书记、董事长邱录军。

9月30日 朱碧新出席油气管网资产交割暨运营交接签字仪式。国家发改委副主任连维良、国资委副主任翁杰明、国家能源局局长章建华等领导参加会议。陈勇代表集团签约。

同日 经集团董事会研究，并报国资委同意，决定曾祥展任集团董事会秘书（总裁助理级）。

☞ 10月

10月10日 国资委党委召开习近平总书记全国国有企业党的建设工

作会议重要讲话发表四周年学习研讨会。朱碧新在会上作题为《坚持管资本管人管党建相统一 打造国有资本运营“红色引擎”》的汇报发言。

10 月 12 日 朱跃出席第三批退役军人就业合作企业集中发布仪式。

10 月 12—14 日 集团召开三场三季度经营形势分析座谈会。李洪凤、单忠立、童来明、张相红、朱跃、陈勇、唐国良出席，向宏主持。

10 月 14—15 日 朱碧新考察舟山市并与舟山市委书记俞东来进行会谈。

10 月 15 日 李洪凤会见普洛斯联合创始人、首席执行官梅志明。

10 月 15—16 日 单忠立赴河南宜阳调研督导定点扶贫工作并与洛阳市市长刘宛康进行会谈。

同日 集团纪委在中国寰岛分别召开片区纪检协作组暨区域办案中心工作研讨会和驻琼企业纪检工作座谈会。张相红出席。

10 月 16 日 朱碧新、李洪凤与浙江省委副书记、省长郑栅洁进行会谈，并出席集团与浙江省战略合作签约仪式。李友生参加。

10 月 18 日 集团“国有资本运营公司金融发展战略研究”课题结题评审会在京召开。朱碧新、李洪凤、单忠立、朱跃参加，外部董事赵淑贤、课题组专家评委、中国金融四十人论坛课题组成员出席会议。

10 月 19 日 向宏到中国物流讲授“党课开讲啦”专题党课。李向阳主持。

同日 张相红赴中国包装讲授“党课开讲啦”专题党课。李华主持。

10 月 20 日 朱碧新会见无锡市委书记黄钦。童来明参加。

10 月 21 日 集团党委组织理论学习中心组第七次集中学习。朱碧新主持并讲话，李洪凤及党委理论学习中心组成员参加。

同日 朱碧新会见湖南省委常委、省国资委党委书记姚来英。童来明参加。

同日 集团党委召开 2020 年第三季度党委书记、纪委书记专题例会。朱碧新出席并讲话，单忠立主持，张相红、朱跃参加。

10 月 22 日 李友生与合肥市委常委、副市长王文松进行会谈。

同日 集团研究决定：陈庆良任中储发展股份有限公司党委副书记、纪委书记，免去陈庆良中国健康养老集团有限公司临时党委副书记、临时纪委书记职务，杨少璞任中国健康养老集团有限公司临时党委副书记、临时纪委书记。

同日 集团研究决定赵毅刚任中国健康养老集团有限公司副总经理。

同日 童来明在诚通基金讲授“党课开讲啦”专题党课。苗卿华主持。

10 月 23 日 集团召开 2020 年三季度生产经营分析会，审计署企业审计五局到会指导。李洪凤出席并讲话，向宏传达国资委相关会议精神，陈勇通报集团前三季度预算完成情况，集团领导班子成员参加会议。

10 月 24—27 日 单忠立赴诚通东方、华贸物流、诚通国贸进行专题调研和检查指导。张敏参加。

10 月 27—31 日 单忠立、陈勇，外部董事姜尚君、赵淑贤、姜鑫、翟挨才赴湖南调研岳阳林纸股份有限公司、中特物流等集团所出资企业，以及株洲中车时代半导体有限公司、袁隆平农业高科技股份有限公司、湖南长远锂科股份有限公司等。

10 月 28—30 日 向宏调研驻广州、佛山所出资企业。

10 月 29 日 国资委机关服务管理局局长周勇带队，相关 6 个司局有关部门负责人一行 12 人赴中国康养调研。李洪凤出席，朱跃主持。

10 月 30 日 朱跃在通盈基金讲授“党课开讲啦”专题党课。

10 月 31 日 单忠立调研湘中诚通物流有限公司。梁伟华、李向阳作汇报。

☞ **11 月**

11 月 2 日 中国国际金融股份有限公司正式在上海证券交易所主板上市，证券代码 601995。国调基金作为战略投资者参与本次发行，投资额 4.5 亿元，是获配金额最大的战略投资者。

同日 国资委机关服务管理局局长周勇带队，相关 6 个司局有关部门负责人赴中国康养调研。李洪凤出席调研会，朱跃主持会议。

11 月 4 日 童来明主持召开诚通基金 2020 年项目复盘工作会。

同日 陈勇与中国华电集团有限公司总会计师邵国勇进行会谈。

11 月 4—10 日 朱碧新带队参加第三届中国国际进口博览会，应邀出席开幕式。向宏、朱跃，集团总部相关部门及 8 家所出资企业共 217 余名专业人员参加。集团交易分团签约总金额达 10.7 亿美元。

11 月 5 日 朱碧新会见普洛斯联合创始人、首席执行官梅志明。向宏参加。

同日 朱跃会见武汉市副市长李强。黄燕参加。

11 月 6 日 《人民日报》刊发朱碧新署名文章《努力实现国有资本运营公司高质量发展》。

同日 向宏赴华贸物流调研。

11 月 10 日 集团党委组织第八次理论学习中心组（扩大）学习，邀请经济学家彭文生作专题讲座。朱碧新、李洪凤及党委理论学习中心组成员参加。单忠立主持。

同日 集团党委召开党委会深入学习党的十九届五中全会精神。朱碧新主持并讲话，李洪凤和集团领导班子成员参加。

同日 集团在中国人民大学举办 2021 年度校园招聘首场宣讲会。单忠立、中国人民大学副校长顾涛出席，张敏参加。

同日 集团研究建议陈伟任诚通建投有限公司总会计师。

同日 集团研究决定耿子云任中国诚通资产管理有限公司总会计师；免去邓正阳中国诚通资产管理有限公司总会计师职务。

同日 集团研究建议韩东利任诚通基金管理有限公司副总经理。

11月11日 国家发改委副主任连维良主持召开北戴河地区培训疗养机构改革和转型发展健康养老调研座谈会。朱跃出席并发言。

同日 集团研究决定邓正阳任中国诚通资产管理有限公司党委副书记。

同日 走进中国诚通——风险合规内控法务“四位一体”研讨会在集团召开，唐国良出席。

11月16日 朱碧新、李洪凤会见云南省常务副省长宗国英，曾祥展参加。

11月17日 朱碧新、李洪凤会见上海市委常委、副市长吴清，曾祥展参加。

同日 集团组织金融衍生业务专题培训，陈勇出席并讲话。

11月18日 单忠立、陈勇会见西藏国资委副主任刘凤城。

11月24日 朱碧新会见天津市副市长金湘军，童来明参加。

同日 李洪凤到诚通资产调研指导，深入宣讲党的十九届五中全会精神，并出席诚通资产与山东东顺集团有限公司战略合作签约仪式。

同日 集团召开贸易业务专题会议，向宏主持。

11月25日 朱碧新、李洪凤会见中国信达资产管理股份有限公司董事长张子艾、总裁张卫东。童来明、朱跃参加。

同日 国资委调研检查工作组组长、中国石油原总法律顾问郭进平，国资委政策法规局综合处副处长庞龙飞等一行到集团现场调研法治央企建设情况并总结验收。朱碧新、向宏、唐国良出席，向宏主持。

11 月 27 日 童来明参加诚通基金党委理论学习中心组党的十九届五中全会精神学习会。

11 月 30 日 集团携旗下多家单位在南京大学鼓楼校区逸夫楼报告厅举办校园招聘宣讲会。单忠立代表集团致辞。

☞ 12 月

12 月 1 日 李洪凤为集团总部和诚旸投资全体党员讲授“党课开讲啦”专题党课，主题为“新发展阶段、新发展理念、新发展格局中的诚通国有资本运营公司实践”。顾洪林主持。

12 月 2 日 朱跃出席第六轮中日企业家和前高官对话会。

12 月 7 日 集团首届青年马克思主义者培养工程培训班开班仪式在京举行。共青团中央组织部部长张传慧，国资委党建工作局（党委组织部、党委统战部）局长（部长）、中央企业团工委书记、中央企业青联主席姚焕出席。朱碧新讲话，单忠立主持。

同日 集团研究决定堵俊海任中国包装有限责任公司副总经理、党委副书记。

同日 集团研究决定刘雨露任北京诚旸投资有限公司副总经理（主持工作），免去刘雨露中国纸业投资有限公司副总经理职务。顾洪林不再主持北京诚旸投资有限公司经理层工作。

同日 集团建议免去张朝辉诚通基金管理有限公司副总经理职务。

同日 集团研究建议诸一军任诚通建投有限公司法定代表人，主持诚通建投有限公司董事会工作；李友生不再担任诚通建投有限公司董事长（法定代表人）、董事职务。

同日 集团研究建议张斌负责中国诚通香港有限公司全面工作；杨田洲不再主持中国诚通香港有限公司经理层工作。

同日 集团党委巡视组赴诚通财务召开巡视整改“回头看”情况反馈会。张相红、陈勇出席，秦炬主持。

12 月 8 日 李友生以“深入学习十九届五中全会精神 坚决落实国企改革三年行动 在集团国有资本运营征程中再立新功”为题，到中国纸业讲授专题党课。黄欣主持。

同日 集团党委巡视组赴中国储运召开巡视“回头看”情况反馈会。张相红出席，梁伟华主持。

同日 集团党委巡视组赴中国康养召开巡视整改“回头看”情况反馈会。张相红出席，朱跃主持。

12 月 9 日 李洪凤与上海临港新片区党工委副书记袁国华进行会谈，李友生参加。

12 月 10 日 集团党委巡视组赴诚通人力召开巡视“回头看”情况反馈会。张相红出席，姬书明主持。

12 月 14 日 朱碧新会见北京金融控股集团有限公司董事长范文仲。童来明参加。

同日 集团召开风险管理委员会年终总结会议。李洪凤出席并讲话，单忠立、童来明、张相红、朱跃、陈勇参加。向宏主持。

同日 集团研究决定童来明任力神电池股份有限公司董事、董事长；张强任力神电池股份有限公司董事、总经理（法定代表人）。

12 月 15 日 朱碧新出席江西高层次人才产业基金战略合作协议签约仪式。苗卿华代表诚通基金在现场签约。

12 月 16 日 集团第一期“青马工程”集中理论学习结业仪式在南开大学紫金山校区举行。单忠立出席。

12 月 17 日 集团与无锡市签订中国国有企业结构调整基金二期股份有限公司（简称“国调基金二期”）投资合作协议。朱碧新、无锡市委书记黄钦在仪式上分别致辞，童来明、无锡市常务副市长朱爱勋代表双方签约。

同日 朱碧新、童来明赴力神电池（苏州）有限公司（简称“苏州力神”）调研指导。

同日 朱跃出席中国康养与应急管理部培训中心框架合作签约仪式。

12 月 18 日 朱碧新会见江苏省委常委、苏州市委书记许昆林。童来明参加。

同日 陈勇出席诚通财务资金管理新系统竣工验收仪式。

12 月 21 日 集团举办年度委外工作会。李洪凤出席并致辞，童来明通报委外业务情况，陈勇参加。

同日 朱跃出席通盈基金首单零碳智慧能源央企债转股项目签约仪式。

12 月 22—23 日 集团召开中国储运、中国物流战略执行研讨会。集团经营班子领导出席会议，中国储运和中国物流主要负责人、普洛斯代表参加会议。向宏主持。

12 月 22 日 集团党委修订并印发《中国诚通“三重一大”决策事项及前置研究讨论事项清单（试行)》。

12 月 24 日 向宏会见中国电子科技集团有限公司副总经理陈锡明。

12 月 29 日 经国务院批准，国资委委托集团发起设立的中国国有企业混合所有制改革基金有限公司在上海揭牌成立。国资委党委书记、主任郝鹏出席，上海市委副书记、市长龚正出席会议并讲话，上海市委常委、常务副市长陈寅出席会议。朱碧新在大会上致辞，李洪凤主持会议。该基金为国资委委托国有资本运营公司发起设立的第三只国家级基金，总规模 2000 亿元，首期募资 707 亿元，通过市场化运作，广泛吸引各类社会资本参与国企改革，推动企业完善现代企业制度、转换经营机制，提升混合所有制改革的质量和效果。国资委副秘书长赵世堂、有关厅局负责人，上海市政府有关部门负责人，股东代表，在沪央企负责人，特邀嘉宾，集团领导班子、助理级领导及在沪所出资企业负责人等参加会议。

12 月 30 日　李洪凤赴华贸物流调研。陈宇汇报有关工作，孙晋参加。

同日　朱跃出席中国康养与新华社养马岛休养所划转移交仪式。

中国诚通集团

大事记

（二〇二一年）

CCT
中国诚通
CHINA CHENGTONG

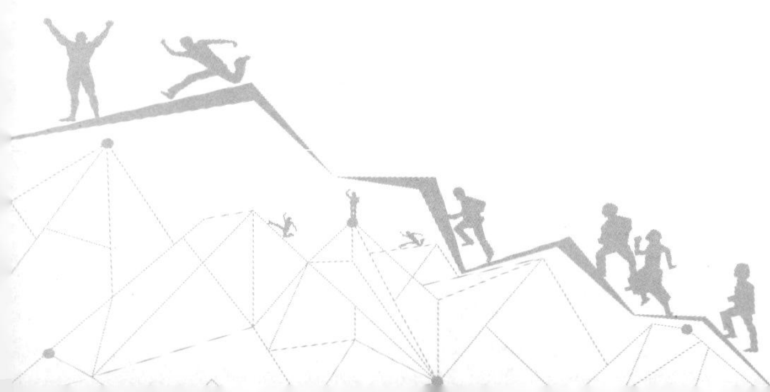

☞ **1 月**

1 月 6 日　集团研究决定：童来明任力神电池股份有限公司党委书记；王战主持力神电池股份有限公司党委日常工作；郑哲明主持力神电池股份有限公司纪委工作，承担纪委书记职责。唐国良任力神电池股份有限公司监事、监事会主席。

1 月 8 日　朱碧新会见华润集团董事长王祥明，向宏参加。

同日　集团研究决定陈宇主持港中旅华贸国际物流股份有限公司党委工作；免去孙晋港中旅华贸国际物流股份有限公司党委书记职务。

同日　集团研究决定孙晋任中国诚通国际贸易有限公司董事长（法定代表人）、党委书记；曹富根任中国诚通国际贸易有限公司党委副书记，免去其中国诚通国际贸易有限公司党委书记职务。

1 月 11 日　国资委资本局局长李冰带队到集团就组建中央企业资产管理平台进行专题研究。朱碧新、李洪凤、朱跃参加。

1 月 12 日　向宏出席集团境外疫情防控专题视频会，传达落实国资委境外疫情防控相关工作要求。

同日　中国康养召开党员大会，单忠立、朱跃参加会议。

1 月 13 日　向宏赴集团部分驻津企业开展调研并进行安全环保督察，唐国良参加。

同日 单忠立赴诚通资产调研，张宝文汇报2020年工作完成情况。

1月14日 朱碧新主持召开国海公司一届九次董事会议。

1月18日 朱碧新赴诚旸投资参加迁址暨揭牌仪式，童来明参加。

1月19日 集团在京召开2021年工作会议。国资委资本局局长李冰出席并讲话。朱碧新作题为《不忘初心担使命 乘势而上开新局 奋力谱写"十四五"高质量发展新篇章》的讲话，强调以高质量建成具有国际竞争力的一流资本运营公司为引领，全面落实"三五一"战略目标和"一五三"经营目标。李洪凤作题为《提质增效 安全发展 为集团行稳致远谋篇布局》的工作报告，指出全年实现营业收入1241亿元，同比增长17.9%；利润总额120亿元，同比增长138.4%；净利润90亿元，同比增长171.9%；资产总额3960亿元，同比增长46.6%；净资产2058亿元，同比增长20.9%，全面完成年度预算目标和上级下达的任务，各项指标创集团历史最高水平。强调集团上下要坚持高目标引领，"十四五"末期实现资产总额10000亿元、净资产5000亿元、净利润300亿元。单忠立宣读集团党委《关于表彰第十八届"诚通之星"的决定》和《关于对2020年度做出突出贡献单位和个人予以表彰的决定》。

同日 集团研究决定艾彦昌任集团纪委副书记（部门正职级）。

1月20日 集团全面深化改革领导小组办公室修订并印发《中国诚通控股集团有限公司改革三年行动实施方案（2020—2022年）》。

同日 集团研究建议张洁峰任诚通人力资源有限公司副总经理；免去赵玉诚通人力资源有限公司董事、副总经理职务。

同日 集团研究决定赵玉任中国诚通资产管理有限公司副总经理；免去张洁峰中国诚通资产管理有限公司副总经理职务。

1月22日 陈勇出席中储股份2021年工作会议并讲话。

1月26日 李友生出席诚通混改私募基金管理有限公司（简称"诚

通混改”）2021 年工作会议并讲话。

1 月 27 日　朱跃赴诚通香港调研，张斌汇报工作。

同日　陈勇出席诚通财务 2021 年工作会议并讲话。

同日　集团研究决定艾彦昌任集团纪委监督执纪室（派驻纪检组办公室）主任。

1 月 29 日　李洪凤、向宏出席诚通国际 2021 年工作会议并讲话。

1 月 31 日　集团荣获上海联合产权交易所 2020 年度产权交易组织金奖。

同日　集团获 2020 年度“优秀企业债发行人”和“公司债券优秀发行人”荣誉称号。“优秀企业债发行人”由中央国债登记结算有限责任公司组织评选，“公司债券优秀发行人”由上海证券交易所组织评选。

☞ 2 月

2 月　集团在国资委法治央企建设（2015—2020 年）总结验收中居中央企业前列。唐国良获评“中央企业优秀总法律顾问”，翁金箱、赵洪文获评“中央企业法律事务先进工作者”。

2 月 2 日　朱碧新出席诚通基金 2021 年工作会议并讲话。童来明、唐国良出席，苗卿华、魏然作汇报。

同日　朱跃赴诚通国际调研，周立群作汇报。

2 月 4 日　集团召开 2021 年度安全、环保、网信及防疫工作会议。朱碧新出席并讲话，李洪凤主持，向宏、张相红出席。

同日　朱碧新会见北京物美商业集团股份有限公司（简称“物美”）创始人张文中，参观多点新鲜（北京）电子商务有限公司总部和物美总部，魏然参加。

2 月 5 日　朱跃出席中国康养 2021 年工作会并讲话。

2 月 8 日 集团团委组织召开集团新组建平台青年工作委员会成立大会暨金融板块青年座谈会。

2 月 15 日 中央办公厅副主任王少军在中共中央直属机关事务管理局（简称“中直管理局”）主持召开北戴河地区培训疗养机构改革工作组会议。中直管理局局长纪峥，北戴河地区培训疗养机构改革工作组成员单位有关负责人出席会议，朱碧新、朱跃参加会议并汇报有关情况。

2 月 16 日 集团定点帮扶的宜阳县人民政府向集团发来喜报，宜阳县连续 4 年在省、市脱贫攻坚考核中被评为“好”。

2 月 19—21 日 向宏陪同中央军事委员会后勤保障部领导，中国融通资产管理集团有限公司党组书记、董事长温刚，党组副书记、总经理马正武慰问检查中国物流特种物流项目北京区域作业现场。李向阳、董旭参加。

2 月 23 日 朱碧新会见海南省副省长刘平治，单忠立、李友生、向宏参加。

2 月 24 日 国资委党委委员、副主任翁杰明赴集团、中国铁物调研指导工作并实地调研物流业务发展情况。朱碧新、向宏、廖家生，国资委企业改革局副局长张学勇、规划局副局长戴希等陪同。

同日 集团召开改革三年行动月例会。李友生出席并讲话，曾祥展主持。

2 月 25 日 全国脱贫攻坚总结表彰大会在京举行。朱碧新参加会议，集团派出的宜阳县挂职副县长宋大鹏获得“全国脱贫攻坚先进个人”称号。

同日 中央办公厅副主任王少军主持召开北戴河地区培训疗养机构改革工作组会议。朱碧新、朱跃参加会议并汇报北戴河地区培训疗养机构接收和转型发展情况。

2 月 26 日　集团召开三届二次职工代表大会，朱碧新出席。单忠立作题为《不忘初心担使命，凝心聚力开新篇，全力以赴为集团高质量发展做出新贡献》的工作报告，唐国良作《中国诚通集团三届二次职工代表补选情况报告》，苗卿华作《中国诚通集团职工代表提案工作报告》。大会审议通过《中国诚通控股集团有限公司先进集体、先进个人评选表彰管理办法》和《中国诚通控股集团有限公司职工违纪违规处理规定（试行）》。

同日　集团党委召开党建工作会、党风廉政建设和反腐败工作会议暨警示教育大会，组织开展所出资企业党委书记抓基层党建述职述廉评议评测，总结 2020 年度集团纪委工作，进行警示教育，部署 2021 年重点任务。朱碧新出席会议并讲话，单忠立主持会议并传达十九届中央纪委五次全会、国资委党风廉政建设和反腐败工作会议暨警示教育大会精神，张相红通报查处的典型案件并提出工作要求。集团党委委员、经营班子成员出席会议。

同日　经国资委研究，提名王文军为中国诚通控股集团有限公司副总经理人选。

同日　李友生会见云南省人民政府副秘书长黄小荣。李向阳参加。

☞ 3 月

3 月 1 日　朱跃会见广西壮族自治区民政厅党组书记、厅长朱学庆。

3 月 2 日　集团召开审计工作领导小组第一次会议。朱碧新出席并讲话，向宏主持。

同日　李洪凤会见新疆生产建设兵团第十二师党委书记、政委王炳炬。单忠立、李友生参加。

3 月 3 日　李洪凤会见上海市黄浦区委副书记、区长沈山州。李友生参加。

同日 国家发改委评估督导司司长王青云调研集团培训疗养机构改革情况。朱跃参加，黄燕汇报有关情况。

3月5日 朱碧新会见北京市大兴区委副书记、区长王有国。童来明、向宏参加。

同日 李洪凤、单忠立参加集团党委召开的派出挂职扶贫干部座谈交流会。

同日 集团向专业投资者公开发行科技创新公司债券，成为2021年全国首批科技创新公司债券发行主体。本期债券发行金额10亿元，期限为3+2年期。募集资金将主要通过国调基金及其子基金投资于信息技术、生物技术、新能源、新材料、高端装备、新能源汽车、绿色环保、航空航天、海洋装备、互联网、大数据、人工智能、集成电路、新一代民用飞机创新、新药创制、节能技术等高新技术产业和战略性新兴产业。

3月8日 集团党委召开党史学习教育动员部署大会。朱碧新作动员讲话，李洪凤主持会议，单忠立传达学习习近平总书记在党史学习教育动员大会上的重要讲话精神、国资委暨中央企业党史学习教育动员部署大会精神。

同日 集团研究决定姬书明任诚通人力资源有限公司党委书记、董事、董事长（法定代表人）。

同日 集团研究决定李向阳任中国物流股份有限公司党委书记、董事、董事长（法定代表人）；董旭任中国物流股份有限公司党委副书记、董事、总经理。

同日 集团研究决定裴晓东任集团办公室（董事会办公室、总经理办公室、党委办公室、维稳信访办公室）主任；索嘉任集团战略发展部（改革工作办公室）总经理；钱曦任集团办公室（董事会办公室、总经理办公室、党委办公室、维稳信访办公室）副主任。

同日 集团研究决定孙静任集团党委宣传部（企业文化部）部长。

同日 集团研究决定唐建洲任诚通混改股权投资基金管理有限公司临时党委副书记。

同日 集团研究决定王伶俐任北京诚旸投资有限公司党支部书记；免去顾洪林北京诚旸投资有限公司党支部书记职务。

3 月 9 日 朱碧新赴力神电池调研。童来明参加。

同日 集团研究决定诚通财务有限责任公司成立监事会，秦炬任诚通财务有限责任公司监事会主席，罗林任诚通财务有限责任公司监事。

同日 集团研究决定王伶俐任北京诚旸投资有限公司执行董事（法定代表人）、总经理；童来明不再担任北京诚旸投资有限公司执行董事（法定代表人）职务；刘雨露不再主持北京诚旸投资有限公司经理层工作。

同日 集团组织召开《全面与进步跨太平洋伙伴关系协定》（CPT-PP）专题研讨会。国资委政策法规局副局长朱晓磊出席会议。向宏、唐国良参加。

3 月 11 日 朱碧新、李洪凤会见贵州省副省长谭炯。贵州省人民政府副秘书长张焱，省财政厅副厅长范辉政，省地方金融监管局副局长邓承红，以及集团领导陈勇参加。

同日 李友生会见长城资产党委副书记、总裁梁强。关武参加。

同日 向宏出席国调基金 2020 年投资后评价反馈暨 2021 年投资后评价进场会。

同日 集团党委印发《中国诚通党委开展党史学习教育工作方案》。

3 月 12 日 集团总部第一党支部与诚通基金第二党支部联合召开 2020 年度组织生活会。朱碧新参加并发言，苗卿华主持会议。

同日　向宏、朱跃赴通盈基金调研。青雷参加。

3 月 16 日　集团在京直属工会召开 2021 年第一次全委（扩大）会议。单忠立出席并讲话，唐国良主持。

3 月 17 日　朱碧新、李洪凤会见中智集团党委书记、董事长卜玉龙，党委副书记、总经理王晓梅。张相红参加。

3 月 18 日　集团团委召开（视频）扩大会议，研究部署 2021 年团委工作。

同日　单忠立赴中国远洋海运集团有限公司（简称“运洋海运”）调研党校建设情况。

3 月 19 日　集团纪委组织召开 2020 年度所出资企业纪检机构负责人现场述职会议，张相红出席并点评，吴春权主持。

3 月 21—25 日　李洪凤赴诚通混改、力神电池（苏州、青岛生产基地）、中国储运（无锡物流中心、中储智运）调研指导工作，参观考察中钢集团南京新材料研究院有限公司。李友生、王文军参加。

3 月 22 日　国资委上报国务院《关于中国诚通开展资产管理情况的报告》获得国务院领导重要批示。

同日　集团举办“十四五”规划纲要专题讲座。国家信息中心首席经济师、研究员，国务院特殊津贴专家祝宝良解读《中华人民共和国国民经济和社会发展第十四个五年规划和 2035 年远景目标纲要》的总体思路和目标任务。张相红出席并讲话。

3 月 22—26 日　集团外部董事姜尚君、赵淑贤、曹远征、姜鑫、翟挨才一行先后前往中国寰岛、冠豪高新、湛江诚通物流有限公司、广州中物储国际货运代理有限公司、诚通能源广东有限公司调研。

3 月 23 日　集团党委举行党史学习教育宣讲报告会，中央宣讲团成员、中国人民大学马克思主义学院中共党史系主任杨凤城作宣讲报告，朱碧新主持报告会。集团领导班子成员，总部部门副职以上人员，专职派出董事，高级经理以及总部机关全体党员在主会场参会；各所出资二、三级企业党政班子成员，部门副职以上人员，党务干部、工会干部、团青干部、本部党支部书记在分会场参会。

同日 朱碧新会见国家外汇管理局资本项目管理司司长叶海生。

同日 朱碧新会见青岛市国资委主任马卫刚。

3月25日 集团首期“青马论坛”在诚通资产举行。共青团中央组织部青年人才处干部门舒豉，中国青年杂志社编委会副主任李蕾，中国青年杂志社编辑部副主任陈敏出席。张宝文作题为《国资国企改革背景下，资产经营2.0模式研究与实践》的主题发言。

同日 陈勇赴成都考察投资项目。梁伟华参加。

3月26日 朱碧新会见中信集团董事长朱鹤新。集团童来明、陈勇、魏然以及中信集团党委副书记、总经理奚国华，副总经理李庆萍参加。

同日 朱跃参加北京怀柔区规划工作联席会议，会见北京市怀柔区委副书记、区长于庆丰并调研国资委怀柔培训中心。

3月28日 张相红出席诚通国贸党委理论学习中心组第三次集中学习会暨战略务虚研讨会。孙晋主持。

3月29日 集团召开全面风险排查整治工作动员会。李洪风出席会议并作动员讲话，李友生、童来明、向宏、张相红、王文军出席。

同日 单忠立会见临夏回族自治州委书记郭鹤立。赵晓宏参加。

☞4月

4月2日 朱跃出席中国康养与北京社会管理职业学院战略合作签约仪式。

4月7日 集团党委召开党史学习教育第一次专题学习会，聚焦学习新民主主义革命时期历史。朱碧新主持。

同日 朱跃出席中国康养与工业和信息化部所属培训疗养机构先接后交签约仪式。

4月9日 国资委党委书记、主任郝鹏调研力神电池。朱碧新、李洪凤、童来明陪同。

4月12日 朱碧新会见中国能源建设有限公司党委书记、董事长宋海良。陈勇、魏然参加。

同日 集团党委召开2021年巡视整改“回头看”动员部署会。张相红出席并讲话。

同日 集团召开2021年巡视巡察业务培训视频会议。

4月13日 朱碧新与中交集团党委书记、董事长王彤宙，党委副书记、总经理王海怀进行会谈。陈勇及魏然、青雷参加。

4月13—15日 集团召开一季度经营形势分析系列座谈会，听取一季度企业经营情况、集团重点工作进展汇报，研判当前形势，研究做好下一步工作。童来明、陈勇、唐国良出席，向宏主持。

4月14日 朱碧新与中国中铁党委书记、董事长陈云进行会谈。陈勇及魏然、青雷参加。

同日 李友生调研中国物流泰州有限公司。李向阳作汇报。

4月15日 朱碧新与中国移动通信集团有限公司党组书记、董事长杨杰进行会谈。陈勇及魏然参加。

同日 集团“青年马克思主义者实践基地”揭牌仪式在重庆市华西包装（集团）有限责任公司“二厂”文创园举行。单忠立为基地揭牌。共青团中央组织部青年人才处副处长刘晨光、共青团重庆市委组织部部长杨春渝、中国包装党委书记李华出席揭牌仪式，堵俊海主持。

4月19日 集团党委召开2021年第一季度党委书记纪委书记例会暨

“我为群众办实事”实践活动推进会，传达学习中央和国资委有关文件精神，总结第一季度党建工作推进情况，研究部署近期重点工作任务。单忠立主持并讲话，童来明、张相红出席。

同日 集团党委印发《中国诚通党委“三融一化”党建工程指引（试行）》。

4 月 19—21 日 朱碧新调研中国绿发投资集团有限公司（简称“中国绿发”）澄迈项目、三亚项目、文昌项目，海口江东寰岛实验学校、亚龙湾海底世界、三亚寰岛实验小学项目。中国绿发总会计师李斌陪同。

4 月 20 日 国资委在集团召开“中央企业存量土地统计分析及盘活利用研究”课题启动会，部署安排课题研究工作。国资委产权管理局副局长李晓梁参加并讲话，向宏出席并致辞。

同日 集团召开股东事务管理工作会议，宣传贯彻《中国诚通派出董事、监事日常工作管理办法》和《中国诚通所出资企业股东（大）会议案管理办法》，促进制度有效落实。童来明出席并讲话。

4 月 21 日 朱碧新参加博鳌亚洲论坛 2021 年年会，在“增强企业竞争力”分论坛上，朱碧新从加强党的领导、明确战略定位、坚持市场化专业化运营、加强自主创新能力、与其他市场主体有效协同、建立有效激励约束机制等方面，分享增强企业竞争力的经验和方法。

4 月 22 日 王文军会见长城资产党委副书记梁强。张强参加。

4 月 23 日 朱碧新会见招商局集团总经理胡建华。单忠立、魏然参加。

同日 集团研究决定孙旭国任诚通商业保理有限公司副总经理。

同日 朱碧新出席诚通（深圳）投资有限公司揭牌仪式。单忠立参加。

同日 单忠立出席中国共产党诚通（深圳）投资有限公司党员大会

并讲话。

4 月 23—24 日 李洪凤赴力神电池调研。童来明、王文军参加。

4 月 23—25 日 张相红赴诚通国贸调研，督导党史学习教育开展情况，听取集团党委巡视“回头看”现场检查情况，实地了解重点运营项目，出席诚通国贸党史学习教育第一专题集中学习暨“十四五”战略务虚研讨会。

4 月 25 日 集团团委组织召开“学党史、强信念、跟党走”主题活动。

4 月 25—5 月 1 日 集团开展《职业病防治法》宣传周活动，围绕“共创健康中国 共享职业健康”的活动主题，深入开展职业健康教育宣传。

4 月 26—27 日 童来明与来访的上海证券交易所副总经理刘逖一行，分别赴中国铁建、中国长江三峡集团有限公司、中国冶金科工集团有限公司、中国建材集团有限公司、中国电力建设集团有限公司 5 家央企集团调研。

4 月 28 日 国调基金在北京召开第二届董事会第四次会议、第二届监事会第二次会议和 2020 年度股东大会。会议审议通过《2020 年度财务决算报告》《2021 年度财务预算报告》《2020 年度利润分配方案》《2020 年度董事会工作报告》《2020 年度监事会工作报告》等议案。朱碧新主持，童来明作工作报告，陈勇、苗卿华、魏然参加。

4 月 29 日 朱碧新、李洪凤会见湛江市委书记郑人豪。李友生参加。

同日 集团研究决定王腾任诚通人力资源有限公司总经理、党委副书记。

同日 集团召开改革三年行动月例会。李友生出席并讲话。

4 月 30 日 朱碧新参加国资委党委召开中央企业党建带团建工作会

暨五四表彰大会，单忠立在集团分会场参加视频会议。翁金箱作为中央企业青年先进个人代表参加表彰仪式。

集团 1 名个人获共青团中央表彰，13 名个人（集体）获中央企业团工委表彰。石慧获评“全国优秀共青团干部”；中国物流团委获评“中央企业五四红旗团委”；中国物流（安吉）团支部、诚通基金团支部获评“中央企业五四红旗团支部”；赵一凡、闫汾娟获评“中央企业优秀共青团干部”；曹瑛娜、冯思维、倪梦婷获评“中央企业优秀共青团员”；翁金箱获评“中央企业青年岗位能手”；诚通东方青春进博青年突击队、中储股份上海吴淞（大厂、沪闵）分公司吴淞客户服务部、华贸物流广州华贸国际货运代理空运部获评“中央企业青年文明号”；陈玉娇获评“中央企业青年岗位能手专项（抗疫类）”。

同日　根据国务院国有资产监督管理委员会提名（国资任字〔2021〕23 号），经集团第二届董事会第十次会议研究决定，聘任王文军为中国诚通控股集团有限公司副总经理。

同日　集团研究决定赵玉任中国资产经营管理公司总经理（法定代表人）；免去张洁峰中国资产经营管理公司总经理（法定代表人）职务。

☞ 5 月

5 月 6—8 日　集团团委组织开展宜阳县志愿支教及乡村振兴调研活动。

5 月 7 日　集团党委召开党史学习教育第二次专题学习会，学习内容为社会主义革命和建设时期历史。朱碧新主持会议。

同日　集团承办中央企业“两非”剥离工作推进会议。国资委综合监督局二级巡视员孟晓彤出席并发言。朱跃主持会议。

5 月 8 日　集团召开风险管理委员会重大风险月会商会议。李洪凤、李友生、王文军、陈勇、唐国良出席，向宏主持会议。

同日 集团代表队勇夺中国梦·劳动美“通用技术杯”财贸轻纺烟草系统中央企业职工乒乓球友谊赛亚军。唐国良参加。

5月12日 集团派驻纪检组组织召开纪检人员党史学习教育会，所派驻企业的6名纪检人员参加学习。

5月13日 单忠立出席诚通东方党史学习教育宣讲督导会并讲话。

5月15日 李洪凤陪同中国企业联合会会长王忠禹赴中国储运上海地区调研指导。李友生、梁伟华参加。

同日 单忠立赴启东中远海运海洋工程有限公司，对国海公司管理的国海泰兴（N419）半潜式深水钻井平台、国海国富（N408）自升式钻井平台两个项目进行现场调研。俞建忠、邓明川、李荣、关武参加。

5月17日 单忠立在雄安新区出席中国纸业“百年大党 千年大计 基业长青”活动。黄欣参加。

同日 集团研究决定陈照任诚通商业保理有限公司副总经理。

5月18日 朱碧新会见北京市国资委党委书记、主任张贵林。朱跃参加。

同日 陈勇赴中国纸业湖南平台现场调研。

5月19日 朱跃会见中国银行副行长林景臻。黄燕参加。

5月20日 向宏赴诚通国际调研贸易业务。周立群汇报相关工作情况。

5月24—27日 向宏赴中国纸业冠豪高新、红塔仁恒、珠海华丰纸业有限公司、珠海金鸡化工有限公司等广东平台现场调研。

5月25日 朱碧新赴诚通混改调研。李友生参加。

同日 朱碧新会见国泰君安证券股份有限公司党委书记、董事长贺青和太平洋保险（集团）股份有限公司党委书记、董事长孔庆伟，魏然参加。

5 月 26 日　集团召开统战代表人士座谈会。单忠立出席并讲话。

同日　集团研究决定：姬书明任集团离退休人员管理中心主任；免去肖茵集团离退休人员管理中心主任职务；免去赵玉集团离退休人员管理中心副主任职务。

同日　朱跃会见全国政协社会和法制委员会副主任张世平。

5 月 27 日　集团与天津市人民政府签署战略合作协议。朱碧新见证协议签署，李洪凤代表集团签约，李友生、童来明出席。

同日　集团研究决定姬书明任集团离退休人员管理中心党支部书记。

同日　单忠立会见新疆国资委副主任张锦平。

同日　向宏赴中储智运调研。赵晓宏陪同。

同日　张相红赴浙江省龙港市考察。

5 月 28 日　集团召开国际化战略执行研讨会。集团经营班子领导出席会议，总部部门负责人及以上人员、国际业务板块相关所出资企业主要负责人参加会议。王文军主持。

同日　集团总部第三党支部、诚通基金党委、力神电池党委在力神电池联合开展“铭记光辉历史，汲取奋进力量”主题党日活动。童来明出席并讲授专题党课。苗卿华与张强代表双方签署党建共建倡议书。

同日　诚通国合资产管理有限公司（简称“诚通国合”）完成工商注册。

5 月 31 日　集团党委召开党建带团建工作会暨五四表彰大会，隆重表彰获全国、中央企业和集团“两红两优”荣誉称号的先进集体和个人。朱碧新出席并讲话。会上宣读全国和中央企业“两红两优”先进集体和个人名单，以及集团团委 2019—2020 年度“两红两优”表彰决定。

同日　单忠立出席集团离退休人员管理中心干部会议并讲话。

同日 集团召开改革三年行动月例会。唐国良出席并讲话。

☞ 6 月

6 月 集团 5 名个人（集体）获评“中央企业优秀共产党员”“中央企业优秀党务工作者”“中央企业先进基层党组织”。黄文敏、项志慧获评“中央企业优秀共产党员”。沈忱获评“中央企业优秀党务工作者”。集团总部机关第一党支部、诚通基金第二党支部获评“中央企业先进基层党组织”。

6 月 1 日 总部机关党委组织总部党员瞻仰双清别墅、参观香山革命纪念馆、观看爱国主义纪录片。单忠立、向宏、张相红、王文军、张敏参加。

6 月 1—2 日 集团党委举办党史学习教育第三专题学习会暨领导班子读书班。朱碧新主持，集团党委副书记、总经理李洪凤及领导班子成员、总助级领导、部门正职以上人员参加。专题读书班重温习近平总书记对集团重要批示精神，学习总书记最新重要讲话精神，传达中央企业党的建设工作座谈会精神，专题学习改革开放新时期历史，认真研读《习近平新时代中国特色社会主义思想学习问答》一书。

6 月 1—2 日 朱跃参加博鳌亚洲论坛全球健康论坛第二届大会。

6 月 2 日 集团与工业和信息化部签署《加强产融合作推动制造业高质量发展战略合作协议》。朱碧新出席签约仪式并座谈。李洪凤与工业和信息化部党组成员、副部长王江平代表双方签约，王文军、陈勇、魏然参加签约仪式。

同日 集团纪委、总部机关纪委组织集团领导班子成员和总部全体党员干部观看廉政警示教育片《自毁“金山”》。

6 月 4 日 向宏出席集团和中国物流与采购联合会在长沙联合举办的

“党建共建聚合力、会企合作谋新篇”党建共建座谈会并讲话。李向阳参加。

6月8日 向宏、王文军赴中国纸业调研。唐国良参加。

6月9日 朱碧新会见中国西电集团有限公司党委书记、董事长白忠泉。魏然参加。

6月10日 国资委中央企业党史学习教育第八指导组到集团开展指导工作。朱碧新主持会议并就开展党史学习教育情况进行汇报。第八指导组组长马宗林、副组长范英敏等指导组全体人员出席见面会暨座谈会，马宗林代表第八指导组讲话。李洪凤和党史学习教育领导小组及办公室成员参加会议。

同日 陈勇调研诚通混改。唐建洲作汇报。

同日 陈勇调研诚通东方。关武作汇报。

6月11日 陈勇参加苏州市金融业高质量发展会议并与江苏省委常委、苏州市委书记许昆林进行会谈交流。

6月16日 朱碧新会见鞍钢集团有限公司党委书记、董事长谭成旭，总经理戴志浩。单忠立、陈勇参加。

6月16—18日 向宏、王文军赴华贸物流、诚通混改、诚通国贸调研。唐国良参加。

6月17—18日 诚通人力联合天津市武清开发区举办“践悟百年党史·京津人才共建·赋能产业发展”主题党日活动，张相红出席活动并致辞，中国人才交流协会会长王建华，武清区委副书记殷学武，北京人力资源服务行业协会书记张宇泉，姬书明出席。

6月18日 朱碧新出席人民日报社新时代企业党建案例报告会，以《坚持管资本管人管党建相统一，打造国有资本运营“红色引擎”》为题作主旨发言。

同日　诚通商业保理有限公司（简称“诚通保理”）党支部在京召开党员大会，选举产生新一届党支部委员会。单忠立出席并讲话，陈勇参加。

6月21日　李洪凤会见中国化学党委副书记、总经理刘家强。李友生参加。

同日　集团党委在京举办“学百年党史，展诚通风采”党史知识竞赛活动，22家所出资企业组队参赛。单忠立出席并讲话。

6月23日　集团召开安全生产工作视频会议，对全国安全生产电视电话会议暨中央企业安全生产工作视频会议精神进行再部署、再落实。朱碧新出席并讲话，李洪凤主持会议，向宏出席。

同日　集团召开2021年度审计工作会议，总结“十三五”期间内部审计工作，研究部署下一阶段集团内部审计重点工作。朱碧新、国资委综合监督局二级巡视员孟晓彤出席会议并讲话，李洪凤主持会议。

6月24日　集团总部组织“奋斗百年路 启航新征程”党史长廊的首次集体学习。朱碧新、单忠立、李友生、张相红、陈勇、张敏等参加学习。

6月25日　集团党委举办党史学习教育第四次专题学习会，学习内容为“党的十八大以来的历史”。国资委中央企业党史学习教育第八指导组组长马宗林到会指导，朱碧新主持会议。

同日　国资委党委委员、副主任谭作钧到诚通基金调研指导，国资委党建工作局副局长丁少中、宣传工作局副局长刘福广陪同。单忠立、苗卿华、魏然参加。

同日　集团召开改革三年行动月例会。李友生出席并讲话。

6月28日　集团总部机关党委、纪委组织参观全面从严治党警示教育基地。朱跃、王文军、陈勇、吴春权、张敏参加。

6 月 29 日　集团研究决定免去范云生诚通财务有限责任公司党委副书记、纪委书记职务（退休）。

6 月 30 日　集团与中交集团签署战略合作协议。朱碧新与中交集团党委书记、董事长王彤宙进行会谈并出席签约仪式。单忠立、王文军、陈勇出席，魏然、王伶俐、邓明川、张英凯参加。

☞7 月

“七一”前夕，集团领导带队赴环京地区企业及重点基层企业开展安全生产督导检查。

7 月 1 日　集团组织各级党组织和广大党员职工观看庆祝中国共产党成立 100 周年大会直播。集团党委第一时间组织党委理论学习中心组（扩大）学习研讨会，深入学习习近平总书记重要讲话精神，集中组织开展交流研讨。朱碧新主持会议，李洪凤及领导班子成员、总助级领导、部门正职以上人员参加。

7 月 5 日　集团委员会党校、干部人才培训中心在江苏太仓青草湖正式揭牌成立。国资委党建工作局综合处处长贺建飞，国资委中央企业党史学习教育第八指导组副组长范英敏参加。朱碧新、李洪凤、单忠立、李友生、童来明、向宏、张相红、朱跃、陈勇出席，单忠立主持揭牌仪式。

同日　朱碧新以《悟好“时代三问”，履好“央企三责”，从百年党史中汲取前进的智慧和力量》为题，在诚通党校为集团和中国铁物系统内 12000 余名党员讲授党史学习教育专题党课。国资委中央企业党史学习教育第八指导组副组长范英敏、党建工作局综合处处长贺建飞参加。

7 月 5—7 日　集团党校举办首期党委书记纪委书记培训班。

7 月 6 日　陈勇赴诚通融资租赁有限公司调研并讲授主题党课。俞雄伟作工作汇报。

7月8日 集团和光大银行签订战略合作协议。朱碧新与光大银行党委副书记、行长付万军进行会谈并出席签约仪式。单忠立、朱跃、陈勇参加。

同日 朱跃参加中国康养党委与通盈基金党支部联合组织召开的习近平总书记“七一”重要讲话精神辅导报告会，邀请中共中央党校党的建设教研部思想政治教育教研室博士生导师洪向华作专题授课。

7月9日 朱碧新会见中国电信集团有限公司（简称“中国电信”）董事长柯瑞文。童来明、陈勇、魏然参加。

同日 向宏赴中国物流讲授党史学习教育专题党课。李向阳主持会议。

7月10日 中康养健康产业投资有限公司揭牌仪式暨首届中国养老产业投资与发展论坛在京举行。国家卫健委党组成员、全国老龄办常务副主任、中国老龄协会会长王建军，国资委副秘书长庄树新，国家发改委社会发展司一级巡视员、副司长郝福庆，北京市西城区委副书记、区长孙硕出席会议并致辞。朱碧新出席会议并致辞。

7月12日 集团召开国资委基金业务专项检查工作准备会议。陈勇出席并部署工作。

同日 集团研究决定诸一军任诚通建投有限公司董事长，免去其诚通建投有限公司总经理职务；谢景富任诚通建投有限公司董事、总经理。

7月13日 国资委在诚通建投有限公司（简称“诚通建设”）召开“中央企业存量土地统计分析及盘活利用研究”课题进展汇报会。国资委产权管理局评估处处长马锋主持。诸一军参加。

同日 集团研究决定诸一军任诚通建投有限公司党委书记，谢景富任诚通建投有限公司党委副书记。

7 月 14 日　朱碧新会见华夏银行董事长李民吉。陈勇、唐国良参加。

同日　集团研究决定王战任力神电池股份有限公司党委副书记，郑哲明任力神电池股份有限公司纪委书记。

同日　集团研究决定李涛华任集团党群工作部（工会办公室、扶贫办公室、团委办公室）副部长，陈辉山任集团党委宣传部（企业文化部）副部长（挂职）。

同日　集团党委第二巡视组赴诚通东方召开巡视“回头看”情况反馈会。关武主持会议。

7 月 15 日　朱碧新带领集团在京领导班子成员、总部部门副职以上人员、在京所出资企业党委班子及部分党员代表共计 150 人前往中国共产党历史展览馆，集体参观“‘不忘初心，牢记使命’中国共产党历史展览”，并重温入党誓词。

同日　张相红赴中国包装所属中国包装科研测试中心，以“深刻学习领会‘七一’重要讲话精神，坚定深入推进全面从严治党”为题讲授党史学习教育专题党课。徐炜峰主持。

同日　朱跃陪同国资委机关服务管理局局长周勇、副局长卞继祥赴中国康养所出资企业楠山康养调研。

同日　集团团委组织金融板块青年学习习近平总书记“七一”重要讲话精神，参观北京鲁迅博物馆（北京新文化运动纪念馆）并召开金融板块青年思想现状调研启动会。

7 月 16 日　李洪凤以“感悟百年大党人格力量，奋进新的伟大时代征程”为题，为集团总部和诚旸投资全体党员讲授党史学习教育专题党课。童来明主持。

同日　李友生出席在安徽蚌埠举办的国际新材料产业大会，见证新材料产业投资基金签约。

同日 张相红出席诚通财务与诚通国贸所属党支部党建共建活动并讲话。孙晋主持。

同日 张相红出席集团党委巡视组赴诚通国贸召开的巡视“回头看”情况反馈会。孙晋主持。

同日 国资委中央企业党史学习教育第八指导组到诚通基金检查工作，苗卿华作汇报。

7 月 19 日 单忠立出席集团宏志班“走出大山看湖南”主题夏令营开营仪式并致辞。李向阳主持。

同日 单忠立出席集团“青马工程”实践锻炼启动仪式暨中国纸业第一期“青马工程”培训班开班仪式并讲话。黄欣参加，中国纸业相关领导、泰格林纸集团股份有限公司党政班子成员及全体“青马”学员共计 80 余人参加。

7 月 19—24 日 集团举办首届“青马工程”社会实践锻炼活动，29 名“青马”学员从北京、上海、山东、江西等地来到洞庭湖畔，共同踏上革命圣地，在红色研学和实践锻炼中追寻初心使命、筑牢理想信念。

7 月 21 日 集团召开学习贯彻习近平总书记“七一”重要讲话精神暨 2021 年上半年经营分析会。朱碧新出席会议并讲话，李洪凤传达中央企业负责人学习贯彻习近平总书记“七一”重要讲话精神研讨班会议精神。国资委中央企业第八指导组副组长范英敏，集团外部董事、领导班子参加。向宏主持。

同日 单忠立赴诚通资产，以“牢固树立正确党史观、大力弘扬伟大建党精神”为题，为诚通资产总部全体党员、入党积极分子讲授党史学习教育专题党课。张宝文主持。

7 月 22 日 集团 2020 年度党建工作责任制考核结果为 A。

同日 集团通过河南省慈善总会捐款 2000 万元，支持灾区防汛救灾和灾后重建。

同日　朱碧新出席诚通基金巡视“回头看”情况反馈会并讲话。集团党委第一巡视组组长成武代表巡视组反馈巡视意见。

同日　童来明出席第八届环青海湖（国际）电动汽车挑战赛启动仪式。

同日　张相红赴诚通人力，以“深刻学习领会习近平总书记‘七一’重要讲话精神，坚定深入推进全面从严治党”为题讲授党史学习教育专题党课。姬书明主持。

同日　集团在京直属工会召开2021年第二次全委（扩大）会议。唐国良出席并讲话。

7月23日　张相红出席集团党委巡视组赴中国纸业召开的巡视“回头看”情况反馈会。黄欣主持。

7月26日　朱跃以“传承伟大建党精神 践行核心价值理念 为全面开启改革发展新阶段提供永续动力”为题，为中国康养、通盈基金全体干部职工讲授专题党课。

同日　陈勇就集团组织开展的境内外财务资金管控风险排查及问题整改、境外财务人员委派和集团年度重点财务专项等工作，约谈部分所出资企业的财务负责人。

7月27日　集团研究决定王广富兼任诚通国合资产管理有限公司副总经理；闫洪波任诚通国合资产管理有限公司总会计师；免去宋志强诚通国合资产管理有限公司财务负责人职务。

同日　集团研究决定秦炬任诚通财务有限责任公司董事、副总经理，免去其诚通财务有限责任公司监事会主席、监事职务；邢军翔任诚通财务有限责任公司监事、监事会主席。

7月28日　集团研究决定曾鸿彬任诚通通盈基金管理有限公司董事，

孙乾飞任诚通通盈基金管理有限公司监事；免去曾鸿彬诚通通盈基金管理有限公司监事职务；免去王景崧诚通通盈基金管理有限公司董事职务。

同日 集团研究决定黄文敏任诚通基金管理有限公司监事；免去王景崧诚通基金管理有限公司监事职务。

同日 集团研究决定邢军翔任国海海工资产管理有限公司董事；免去王景崧国海海工资产管理有限公司董事职务。

7月29日 国资委中央企业党史学习教育第八指导组组长马宗林到会指导集团总部第二党支部专题组织生活会。李洪凤、李友生参加。

7月30日 童来明出席诚旸投资2021年度合规培训。

☞8月

8月 集团在京直属工会举办“赓续红色精神 喜迎建党百年”摄影比赛。

8月3日 李友生以“深入学习贯彻习近平总书记‘七一’重要讲话 赓续党史革命意志 激发诚通精神动力”为题，为中国纸业党员讲授党史学习教育专题党课。黄欣主持。

同日 王文军以“学习习近平总书记‘七一’重要讲话，为国企改革三年行动贡献力量”为题，为诚通国合资产管理有限公司全体党员讲授党史学习教育专题党课。

8月5日 集团党委组织第二批总部党员、在京所出资企业党员代表共计300人，前往中国共产党历史展览馆，集体参观“‘不忘初心、牢记使命’中国共产党历史展览”。单忠立、张相红、朱跃、陈勇参加。

8月6日 中国国有企业结构调整基金二期股份有限公司创立大会暨第一次股东大会在北京召开。中国诚通控股集团有限公司、无锡太湖产业发展投资基金（有限合伙）、中国移动、中国电信、中铁资本有限公司、中国交通建设股份有限公司、中交投资有限公司、中交城市投资控股有限公司、中能建基金管理有限公司、华润创业（深圳）有限公司、中国西电集团有限公司和招商证券投资有限公司作为基金共同发起人派代表出席会议。苗卿华、魏然参加。

8月7日 中国国家冰球集训队出征俄罗斯备战北京冬奥会欢迎仪式在莫斯科格林伍德国际贸易中心举行。中国驻俄罗斯联邦特命全权大使张汉晖，北京冬奥会冰球项目备战工作领导小组组长王玄出席。周立群主持欢迎仪式。

8月13日 集团总部第一党支部召开党史学习教育专题组织生活会。国资委中央企业党史学习教育第八指导组组长马宗林、副组长范英敏到会指导。朱碧新参加会议。

8月16日、18日 朱跃出席通盈基金、中国康养经理层成员任期制和契约化管理签约仪式。

8月18日 陈勇出席诚通财务经理层任期制和契约化签约仪式。

8月18—20日 集团在京直属工会举办2021年工会干部线上培训班。全国总工会领导、中国劳动关系学院教授作专题授课。

8月19日 李洪凤出席诚旸投资经理层成员任期制和契约化管理签约仪式。

同日 单忠立出席中商集团经理层成员任期制和契约化管理签约仪式。

同日 向宏出席华贸物流经理层任期制与契约化管理签约仪式。

8月20日 朱碧新出席鞍钢重组本钢大会。会议在辽宁省鞍山市召开，辽宁省委副书记、省长刘宁，国资委党委委员、副主任翁杰明出席大会并讲话，辽宁省政府党组成员、副省长姜有为，国资委企业改革局局长郭祥玉，鞍钢集团有限公司党委书记、董事长谭成旭等出席会议。

同日 中国电信正式登陆A股市场。国调基金作为战略投资人，投资25亿元，助力中国电信首次公开发行。童来明出席上市仪式。

同日 童来明出席诚通东方经理层成员任期制和契约化管理签约仪式。

同日 集团党委“回头看”工作领导小组办公室组织召开“回头看”自查工作推进会，对“回头看”工作进行再安排、再部署。

8月23—24日 童来明出席诚通基金2021年复盘工作会。

8月24日 童来明赴诚通资产调研。张宝文参加。

8月25日 朱碧新主持召开国海公司一届十次董事会。

同日 向宏出席诚通国际经理层任期制和契约化管理签约仪式。

8月25—26日 国资委中央企业党史学习教育第八指导组对集团贯彻落实全国国有企业党的建设工作会议精神情况“回头看”工作进行专项督导。第八指导组组长马宗林、副组长范英敏等指导组成员听取集团党委工作情况汇报、朱碧新作工作汇报。第八指导组与部分集团领导班子成员进行访谈，查阅集团贯彻落实全国国有企业党的建设工作会议精神的相关材料，对深化“回头看”工作成效进行全面指导。

8月26日 朱碧新会见岳阳市委副书记、市长李爱武。李友生参加。

同日 童来明赴诚旸投资调研。

8月27日 朱碧新、李洪凤会见天津市委常委、天津滨海新区区委书记连茂君。童来明参加。

同日 朱碧新出席国调基金一期总结暨二期募资表彰大会并讲话。单忠立、童来明、陈勇、唐国良出席，苗卿华、魏然参加。

8月30日 集团召开改革三年行动推进会，朱碧新出席并讲话。李洪凤传达改革三年行动有关重要会议精神，李友生通报集团改革三年行动进展情况、单忠立主持会议，集团全体领导班子参加会议。

同日 集团研究决定钟天崎任中国纸业投资有限公司董事、总经理。

同日 经国资委研究，提名黄景安为中国诚通控股集团有限公司副总经理人选。

8 月 31 日 集团党委召开深化“回头看”工作推进会。单忠立主持并讲话，张相红出席。

同日 集团研究决定钟天崎任中国纸业投资有限公司党委副书记。

☞ 9 月

2021 年 9 月—2022 年 1 月 朱碧新参加 2021 年秋季学期中共中央党校（国家行政学院）中青年干部培训班。

9 月 2 日 朱碧新以视频方式在俄罗斯第六届东方经济论坛“俄罗斯—中国”商务对话上致辞。

9 月 2—7 日 朱跃带队参加 2021 年中国国际服务贸易交易会，应邀出席全球服务贸易峰会，现场聆听国家主席习近平发表的重要致辞，同时担任集团交易分团团长。集团总部及 11 家所出资企业组成中国诚通交易分团参加。

9 月 3 日 国资委发布《关于印发中央企业负责人 2020 年度经营业绩考核结果》的通知，集团获评 A 级。

同日 集团召开风险管理委员会重大风险月会商会议。李洪凤出席会议并讲话，向宏主持，集团领导班子成员参加会议。

9 月 13 日 经国资委研究，聘任冯士栋为中国诚通控股集团有限公司外部董事，聘期三年（2021 年 9 月—2024 年 8 月）；赵淑贤不再担任中国诚通控股集团有限公司外部董事职务。

同日 宜阳受助学子来信感谢集团暖心助学，表达对集团捐资助学的感恩之情，感谢诚通奖给贫困生提供的奖学金。

9 月 14 日 首家党政机关培训疗养机构实现产权划转中国康养。朱跃出席水利部机关服务局所属北戴河基地产权划转交接仪式。

9 月 15—17 日 单忠立赴甘肃临夏回族自治州考察调研。

9 月 16 日 朱跃受邀参加中日老年照护人才培养与就业指导会议并作为中方代表进行交流发言。

9 月 18 日 诚通保理完成 100 亿元业务投放，为 24 户中央企业及重点地方国资提供金融服务，惠及央企上下游产业链企业 300 余户，从而验证了商业模式的可行性。

同日 由国资委主办、中国社会责任百人论坛承办的责任创造价值，责任引领未来——中央企业社会责任报告集中发布活动（2021）在京召开。集团社会责任案例“中国诚通控股集团有限公司：打造‘我与希望共成长’智力和情感帮扶云平台”“肩负中企使命，贡献中企力量，共谱携手抗疫友好合作新篇章”首次入选《中央企业社会责任蓝皮书（2021）》《中央企业海外社会责任蓝皮书（2021）》。

9 月 23—24 日 朱跃在沈阳会见沈阳市委副书记、市长王新伟。

9 月 24 日 张相红调研中国物流吉林公司。李向阳参加。

9 月 25 日 中国电气装备集团有限公司成立大会在上海举行，集团成为重要股东。国资委党委书记、主任郝鹏，上海市委书记李强出席会议并共同为公司揭牌。郝鹏，上海市委副书记、市长龚正分别讲话。国资委党委委员、副主任翁杰明主持会议并宣读公司重组的批复文件。李洪凤、黄景安参加会议。

9 月 27 日 李友生出席 2021 滴水湖产业投资者大会并致辞，见证签约。

9 月 28 日 国资委牵头组织《光明日报》《工人日报》《中国青年报》《中国日报》《人民政协报》《科技日报》《中国经济时报》《国资报

告》《证券日报》及人民网、新华网、中国新闻社等中央媒体到集团进行党建成效集中采访。国资委新闻中心副主任闫永出席，单忠立代表集团党委重点介绍党建引领改革发展工作成效情况。朱跃、苗卿华、邓明川分别介绍有关成效。唐国良、张敏、曾祥展等参加。

同日 李友生与混改基金股东单位代表——混改基金董事、上海临港经济发展（集团）有限公司党委副书记、副总裁翁恺宁和混改基金监事、海通证券股份有限公司总经理助理兼海通开元投资有限公司董事长张向阳进行座谈。

同日 童来明与安徽省政协副主席牛立文，滁州市委书记许继伟、市长吴劲、市人大主任王图强、市政协主席汪建中、市委副书记金力及市委常委、常务副市长邓继敢共同出席国调战略性新兴产业基金签约仪式并见证签约。

9 月 30 日 中组部办公厅组织《人民日报》《经济日报》《中国组织人事报》等中央媒体到集团进行调研采访，全面了解全国国有企业党的建设工作会议召开五年来，集团深入学习贯彻习近平总书记重要讲话精神以及党建工作成效等情况。中组部办公厅副主任、一级巡视员李刚出席。朱碧新介绍党建引领改革发展的成效。单忠立、张敏、黄欣、李向阳、苗卿华、邓明川等参加。

☞ 10 月

10 月 6 日 单忠立到苏州力神调研生产经营情况。张强参加调研。

10 月 7 日 中国国有企业结构调整基金二期股份有限公司成立大会暨揭牌仪式在江苏省无锡市举行。国资委党委委员、秘书长彭华岗，江苏省副省长马欣讲话并为基金揭牌。朱碧新与无锡市委书记杜小刚等出席活动。按照国务院批复的国调基金总体方案以及国资委 2021 年资本运营公司改革重点任务，由集团牵头，与地方政府和央企以市场化方式搭建若干平行基金，构建总规模不低于1000亿元的国调基金二期。此次在无锡注册设立的是国调基金二期首只平行基金，注册资本737.5亿元，重点投向关系国家安全、国民经济命脉的重要行业、关键领域和重大专项任务，特别是长江三角洲地区具有产业优势的生物医药、集成电路、高端装备制造、下一代信息网络、人工智能、新材料、新能源及新能源汽车等领域，致力于推进国企央企结构调整和转型升级、助力中国经济创新发展。来自国资委、工业和信息化部、江苏省人民政府、央企股东单位、无锡市委市政府、无锡市相关单位、金融单位及投资机构及集团共200余人参加会议。

10月9日　童来明出席力神电池与中化国际（控股）股份有限公司、中化蓝天集团有限公司战略合作签约仪式。张强参加。

10月10日　根据国务院国有资产监督管理委员会提名（国资任字〔2021〕82号），经集团第二届董事会第十六次会议研究决定，聘任黄景安为中国诚通控股集团有限公司副总经理。

10月11日　集团印发《中国诚通控股集团有限公司工资总额备案制管理办法》。

同日　集团研究决定顾洪林任中国诚通香港有限公司总会计师。

同日　集团研究决定孙伯辉任集团专职派出董监事。

10月13日　中华全国总工会权益保障部副部长王晓华、交通运输部运输服务司一级调研员柴晓军赴中储智运联合调研，并召开新就业形态劳动者建会入会和劳动权益保障情况座谈会。单忠立主持。

10月14日　集团与中国石化签署培训疗养机构转型养老服务改革合作框架协议。朱跃出席并致辞，黄燕代表集团签约。

10月15日　集团团委组织开展“请党放心，强国有我”主题团日活动，组织团委委员、在京“青马”学员和团干团员代表参观北京大学红楼。

10 月 18 日　《学习时报》四版“大国顶梁柱 永远跟党走”专栏刊发朱碧新署名文章《用“四心”汇聚“四种力量”》。

同日　集团研究决定孙伯辉任集团党校专职副校长、干部人才培训中心主任（法定代表人）。

10 月 19 日　集团召开改革三年行动月例会暨重点考核任务自查推进会。单忠立出席并讲话，李友生主持。

10 月 20 日　单忠立会见渝富集团党委副书记、董事王万洪。张敏参加。

同日　李友生会见中国海油党组副书记徐可强。

10 月 21 日　朱跃拜会秦皇岛市委书记王曦并调研北戴河地区培训疗养机构。黄燕参加。

10 月 27 日　黄景安赴诚通混改调研。李友生介绍基金运行和公司党建有关情况。

10 月 28 日　国资委党史学习教育第八指导组组长马宗林带队到集团开展谈心谈话，传达党史学习教育中央指导组座谈会精神、国资委暨中央企业党史学习教育座谈会精神，听取李洪凤关于近期党史学习教育情况的汇报，就持续抓好党史学习教育提出具体要求。第八指导组副组长范英敏，组员邓保忠、孙一铭参加谈话。

☞ 11 月

11 月 5—10 日　黄景安带队参加第四届中国国际进口博览会，应邀出席开幕式，现场聆听习近平主席发表主旨演讲。集团组建交易分团，集团总部相关部门及 8 家所出资企业近 200 名专业人员参会。集团交易分团签约总金额达15.7亿美元，较上届进口博览会增长46%，成交额创历届新高。

11月11日 李友生出席诚通混改经理层任期制和契约化管理签约仪式。

11月14日 集团党委召开党委会，专题传达学习贯彻党的十九届六中全会精神。李洪凤主持，集团班子成员单忠立、黄景安、向宏、张相红、王文军、陈勇参加会议并作交流发言。

11月17日 王文军赴诚旸投资调研。

11月19日 集团党委召开理论学习中心组学习暨2021年度法治工作会。朱碧新、李洪凤分别对会议作出部署并提出要求。国资委政策法规局副局长、一级巡视员衣学东以视频方式出席并讲话。单忠立作总结讲话，向宏主持。黄景安、张相红、陈勇出席，唐国良作集团“十三五”时期法治工作报告。

11月23日 集团印发《中国诚通控股集团有限公司董事会授权管理办法》《中国诚通控股集团有限公司总经理工作规则》。

11月23—24日 单忠立赴宜阳调研督导集团定点帮扶工作。

11月25日 集团党委举办党的十九届六中全会精神读书班，全面系统学习领会全会精神。国资委中央企业党史学习教育第八指导组组长马宗林到会指导，单忠立主持，张相红参加。

同日 集团在京直属工会召开2021年第三次全委（扩大）视频会议，认真传达学习贯彻习近平总书记在党的十九届六中全会上的重要讲话和全会精神。单忠立出席并讲话，唐国良主持。

同日 童来明赴诚旸投资调研。

11月26日 经国资委党委研究，王兆刚任中国诚通控股集团有限公司党委委员、纪委书记，免去张相红的中国诚通控股集团有限公司纪委书记职务。

同日　中广核风力发电有限公司增资引战项目签约仪式在京举行，集团作为重要战略投资方，通过发挥运营公司的基金投资功能，积极服务国家“双碳”战略和国企改革三年行动，助力央企改革发展。

同日　集团党委组织集团总部和所出资企业党务干部、基层党支部书记等共33人参观“中央企业永远跟党走——全国国有企业党的建设工作会议召开五年来国资委党委中央企业党的建设工作展”。

11月29日　经国资委研究，免去李洪凤的中国诚通控股集团有限公司董事职务，不再担任中国诚通控股集团有限公司总经理职务；向宏不再担任中国诚通控股集团有限公司副总经理职务。

11月30日　集团研究决定邓正阳任力神电池股份有限公司党委副书记、纪委书记；免去郑哲明力神电池股份有限公司纪委书记职务。

☞ 12月

12月2日　集团研究决定朱跃、黄燕、王广富、严肃任中国健康养老集团有限公司董事，朱跃任董事长。

12月6日　中国物流集团有限公司（简称“中国物流集团”）成立大会在京举行。国务委员王勇出席会议并为公司揭牌。国资委党委书记、主任郝鹏出席会议并讲话。国资委党委委员、副主任翁杰明主持会议并宣读国资委批复文件。朱碧新出席大会并发言。中国东方航空集团有限公司（简称“中国东航”）董事长刘绍勇、中国物流集团董事长李洪凤在会上发言。中央和国家机关有关部门，北京市有关中央企业、金融机构、高等院校、行业协会等单位负责人参加会议。组建中国物流集团，是国资委贯彻落实习近平总书记关于加快构建现代流通体系、服务构建新发展格局重要指示批示的重大战略部署，也是深化国有资本运营公司改革、推动运营公司聚焦主责主业的重要举措。中国物流集团注册资本300亿元，由原集团托管的中国铁路物资集团有限公司与集团物流板块的中国储运、华贸物流、中国物流、中国包装4家企业整合而成，是国资委直接监管的又一家股权多元化中央企业。股权结构为：国资委和集团分别持有38.9%；中国东航、远洋海运、招商局3家战略投资者持股比例分别为10%、7.3%、4.9%。

12月8日 集团召开加强子企业董事会建设推进会暨重点改革任务周例会。单忠立主持，王兆刚参加。

同日 集团研究决定何建祥任诚通混改私募基金管理有限公司监事；免去曾祥展诚通混改私募基金管理有限公司监事职务。

同日 集团研究决定何建祥任中商控股集团有限公司监事。

同日 集团研究决定邢军翔、宋志强任中国健康养老集团有限公司监事，其中邢军翔任监事会主席。

12月14日 新时代证券股份有限公司股权转让项目签约仪式在北京产权交易所举办。集团与股权转让方（含转让方委托机构）签署产权交易合同，收购新时代证券98.24%的股权。陈勇、唐国良出席。

同日 王文军赴诚通资产调研。

12月17日 集团召开加强子企业董事会建设周例会暨重点改革任务推进会。单忠立主持，王兆刚参加。

12月21日 朱跃出席第七轮中日企业家与前高官对话并作主题发言。

12月21—24日 李友生走访中国建材、中国南方电网有限责任公司、华侨城集团有限公司、万科企业股份有限公司等混改基金的股东单位。

12月22日 陈勇出席诚通财务党建与企业发展研讨会。秦炬主持。

同日 集团研究决定：周立群任中诚通国际投资有限公司法定代表

人，主持董事会工作；免去向宏中诚通国际投资有限公司董事长（法定代表人）、董事职务；免去孙伯辉中诚通国际投资有限公司董事职务。

12 月 23 日 朱跃会见中国银行副行长王志恒。

同日 集团研究决定：王军、严肃、伍思球任诚通人力资源有限公司董事，孙乾飞任诚通人力资源有限公司监事；免去邹善童、孙乾飞诚通人力资源有限公司董事职务，免去王军诚通人力资源有限公司监事长、监事职务。

12 月 24 日 冰球国家集训队出征北京冬奥会欢送仪式在莫斯科格林伍德国际贸易中心举行。中国驻俄罗斯联邦特命全权大使张汉晖、北京冬奥会冰球项目备战工作领导小组组长王玄等出席仪式并致辞。周立群主持欢送仪式。

同日 集团召开重点改革任务推进会暨加强子企业董事会建设第五次周例会。单忠立主持并讲话。

12 月 27 日 集团党委召开党的十九届六中全会精神宣讲报告会暨理论学习中心组（扩大）学习会。中央宣讲团成员、中央党史和文献研究院学术和编审委员会主任（副部长级）陈理作专题辅导报告。国资委党史学习教育第八指导组组长马宗林到会指导，单忠立主持。集团领导班子成员结合宣讲学习开展交流研讨。

12 月 28—30 日 童来明出席诚旸投资务虚会。

12 月 29 日 王兆刚出席集团党委巡视组向中商集团党委反馈巡视整改“回头看”情况的反馈会并讲话。顾米云主持。

同日 王兆刚出席集团党委巡视组向诚通建投党委反馈巡视整改“回头看”情况的反馈会并讲话。诸一军主持。

12 月 30 日 王文军以《学习党的十九届六中全会精神 打造听党指挥的资本力量》为题，向诚通国合党支部宣讲党的十九届六中全会精神。

中国诚通集团

大事记

（二〇二二年）

CCT
中国诚通
CHINA CHENGTONG

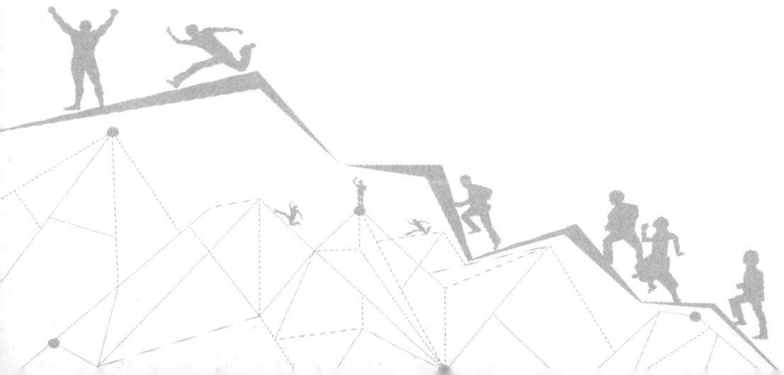

☞**1 月**

1 月 4 日 朱跃出席中国康养与国资委石化离退休干部局所属化工北戴河疗养院先接后交协议签订仪式。

同日 集团研究决定黄文敏兼任集团数字化管理部（数字化智能化建设办公室）总经理；免去姬书明集团离退休人员管理中心主任职务；免去钱曦集团办公室（董事会办公室、总经理办公室、党委办公室、维稳信访办公室）副主任职务；免去邹善童集团人力资源部（党委组织部）副总经理职务。

同日 集团研究决定免去姬书明诚通人力资源有限公司董事长（法定代表人）、董事职务。

1 月 5 日 童来明出席中国移动首次公开发行 A 股上市仪式。国调基金作为战略投资者，投资 20 亿元，助力中国移动登陆 A 股市场。

1 月 6 日 朱跃会见中国建设科技集团股份有限公司（简称“中国建科”）副总裁樊金龙。黄燕参加。

1 月 11 日 朱碧新主持召开领导班子党史学习教育专题民主生活会，主题为“大力弘扬伟大建党精神，坚持和发展党的百年奋斗历史经验，坚定历史自信，践行时代使命，厚植为民情怀，勇于担当作为，团结带领人民群众走好新的赶考之路”。国资委中央企业党史学习教育第八指导组组长马宗林、国资委企干二局四处处长尚飞到会指导。

1 月 12 日 朱碧新在中国纸业开展调研并参加新址揭牌仪式。黄景安、李友生参加，黄欣汇报工作情况。

同日 王文军出席诚通国合中层干部任前集体廉洁谈话。

1 月 13 日 集团党委召开党史学习教育总结会议，深入学习贯彻习近平总书记重要讲话和指示精神，全面总结党史学习教育成效经验，对巩固拓展学习教育成果进行部署安排，激励引导党员干部职工坚定历史自信、牢记初心使命、勇于担当作为，全力打造听党指挥绝对忠诚的资本力量，以优异成绩迎接党的二十大胜利召开。国资委中央企业党史学习教育第八指导组副组长范英敏到会指导。朱碧新作总结报告，单忠立主持。

同日 朱碧新到诚通资产开展调研。单忠立、朱跃参加，张宝文汇报工作情况。

1 月 14 日 朱碧新到诚通建投、中国康养开展调研。朱跃、王文军参加，诸一军、黄燕汇报工作情况。

同日 朱跃会见中国国际工程咨询有限公司董事长苟护生。

1 月 17 日 朱碧新在诚通保理开展调研。黄景安、陈勇参加，张英凯汇报工作情况。

1 月 18 日 朱碧新在诚旸投资开展调研。黄景安、童来明、王兆刚参加，王伶俐汇报工作情况。

1 月 19 日 朱碧新到诚通人力、诚通财务开展调研。黄景安、王兆刚、陈勇参加，王腾汇报工作情况。

1 月 20 日 朱碧新在诚通基金开展调研。单忠立、黄景安、童来明、王文军陪同调研，魏然、苗卿华汇报工作情况。

同日 王兆刚出席诚通人力党史学习教育专题民主生活会。

1 月 21 日　黄景安出席诚旸投资党支部专题组织生活会。王伶俐主持。

同日　李友生出席诚通混改 2021 年度领导班子党史学习教育专题民主生活会。

同日　朱跃出席中国康养 2021 年度领导班子党史学习教育专题民主生活会。

同日　陈勇出席诚通财务党史学习教育领导班子专题民主生活会。

同日　陈勇出席诚通保理 2021 年度领导班子党史学习教育专题民主生活会。

1 月 23 日　朱碧新在中商集团、诚通国际开展调研。单忠立、王兆刚、朱跃、王文军参加，顾来云、周立群汇报工作情况。

1 月 24 日　朱跃出席通盈基金 2021 年度党史学习教育专题组织生活会，并参加通盈基金党支部重温入党誓词活动暨新党员入党宣誓仪式。

同日　王文军到中国纸业调研。黄欣汇报工作情况。

1 月 25 日　单忠立出席诚通国合党史学习教育专题民主生活会。

1 月 26—27 日　集团聚焦资本运营能力提升召开务虚研讨会。朱碧新出席并讲话，集团党政领导班子成员、总助级领导、总部部门负责人、专职派出董事、派驻纪检组组长共 30 人参加会议。

1 月 27 日　集团召开 2022 年度安全工作会议。王文军出席并讲话。

同日　诚通东方党委召开党史学习教育专题民主生活会。集团党委党史学习教育第四指导组以视频方式参会指导。

1 月 28 日　单忠立出席诚通国际党史学习教育专题民主生活会。

1 月 29—30 日　单忠立走访慰问集团退休老领导。

1 月 30 日　集团研究决定龚仁伟任诚通财务有限责任公司纪委书记。

1 月 31 日　集团荣获北京产权交易所 2021 年度组织金奖、上海联合产权交易所2021年度组织金奖。

☞ **2月**

2月1日 诚通基金被评为国有企业公司治理示范企业。

2月17日 朱碧新会见天津市委常委、滨海新区区委书记连茂君。单忠立、童来明参加。

2月21日 集团2022年工作会议在京召开。朱碧新作题为《凝心聚力提能力、勇担使命强发展，以优异成绩迎接党的二十大胜利召开》的报告。2021年，集团营业收入1712亿元，同比增长37.90%；利润总额142亿元，同比增长18.43%；净利润110亿元，同比增长21.40%；合并资产总额4813亿元，同比增长21.44%。集团外部董事姜尚君、曹远征、姜鑫、翟挨才、冯士栋出席会议。国资委资本局资本运营处副处长冯舒，审计署企业审计五局三处处长舒文伟、调研员李星到会指导。集团党政班子成员出席会议。单忠立主持并宣读集团党委《关于表彰第十九届“诚通之星”的决定》《关于表彰2021年度先进集体和先进工作者的决定》和《关于对2021年度做出突出贡献单位和个人予以表彰的决定》。集团助理级领导、总部部门副职以上人员、专职派出董事，总部员工、各所出资企业班子成员及部门负责人和部分三级企业有关人员，共计1000余人分别在主会场和95个视频分会场同步参会。

同日 国家体育总局冬季运动管理中心向集团发来感谢信，对集团在推动我国冰雪运动发展、圆满完成北京冬奥会训练备战参赛任务过程中，以高度的政治责任感和历史使命感，勇于担当、尽职尽责、倾力相助，为实现“全项目参赛”“参赛出彩”提供有力保障、发挥重要作用、作出积极贡献表示感谢。

2月22日 黄景安会见新疆生产建设兵团第十二师党委书记、政委鄂宏达。张敏参加。

同日 李友生出席诚通混改2022年工作会议并为诚通混改全体员工讲授党课。

2月22日、23日 朱跃分别出席中国康养、通盈基金2022年工作会议。

2月25日 集团党委召开2022年党建工作会、党风廉政建设和反腐败工作会议暨警示教育大会。朱碧新出席并讲话，单忠立主持。王兆刚作2021年度纪委工作报告。集团党委委员、经营班子成员出席。

同日 集团党委召开2021年度所出资企业党组织书记抓基层党建述职评议会。国资委党建工作局副局长丁少中，中组部组织二局三处副处长、二级调研员周青到会指导。朱碧新作总结讲话，单忠立主持，集团领导班子成员参加述职评议。

2月28日 童来明出席诚旸投资2022年工作会议。

同日 朱跃出席诚通国际2022年工作会议。

☞ 3月

3月1日 集团获评2021年度“公司债券创新产品优秀发行人”和“公司债券优秀发行人”称号。

同日 王文军出席诚通国合2022年工作会议。

3月3日 朱碧新与中国人民保险集团股份有限公司（简称“中国人保”）党委书记、董事长罗熹进行会谈。陈勇参加。

3月4日 集团与华夏银行签订全面战略合作协议。朱碧新与华夏银行党委书记、董事长李民吉出席签约仪式，陈勇与华夏银行副行长王一平代表双方签约。

同日 集团与中国能建签署战略合作协议。朱碧新与中国能建党委书记、董事长宋海良进行会谈并出席签约仪式。黄景安与中国能建党委常委、副总经理吴春利代表双方签署战略合作协议书，陈勇、唐国良参加。

3 月 8 日　朱碧新会见贵州省委常委、毕节市委书记吴强。黄景安、王文军参加。

同日　陈勇出席诚通财务 2022 年工作会议。

3 月 9 日　朱碧新会见上海市国资委党委书记、主任白廷辉。黄景安、李友生参加。

同日　朱碧新出席中国康养与中国建科战略合作签约仪式。朱跃主持。

3 月 10 日　童来明出席诚通基金 2022 年工作会议、党建工作会、党风廉政建设和反腐败工作会议暨警示教育大会。

同日　集团研究决定王军任集团巡视办公室主任。

同日　集团研究决定刘起正任北京诚旸投资有限公司副总经理、党支部副书记。

同日　集团研究决定张雷任中商控股集团有限公司副总经理（主持经营工作）、党委副书记。

同日　集团与国资委机关服务管理局联合承担的“中央企业发展养老产业模式研究”课题通过评审。朱跃主持评审会。

同日　朱跃会见中国人保副总裁才智伟。

3 月 11 日　朱碧新会见河南投资集团有限公司（简称“河南投资集团”）党委书记、董事长刘新勇。童来明参加。

同日　朱碧新会见滁州市委书记许继伟。童来明参加。

同日　朱跃与国资委商业离退休干部局局长张晓红进行会谈。黄燕参加。

3 月 14 日　朱碧新会见山东重工集团有限公司、潍柴控股集团有限公司董事长谭旭光。童来明参加。

3 月 15 日　朱碧新会见中国航空器材集团有限公司党委书记、董事长徐思伟。单忠立、黄景安、李友生、王文军、陈勇参加。

同日　朱跃会见中国银行副行长陈怀宇。

3 月 18 日　集团党委理论学习中心组参加国资委党委和中央企业党委（党组）理论学习中心组联学会，听取全国人大常委会委员、全国人大监察和司法委员会副主任委员，中国法学会副会长徐显明围绕学习习近平法治思想所作的专题讲座。

3 月 21 日　《学习时报》四版“大国顶梁柱 奋进新征程”专栏刊发朱碧新署名文章《为服务构建新发展格局贡献“国资力量”》。

3 月 22 日　力神电池入选“科改示范企业”名单。

3 月 23 日　集团召开 2022 年度提质增效专项行动启动会，朱碧新出席并讲话，单忠立主持。集团领导班子成员参加。

3 月 24 日　集团在京直属工会召开全委（扩大）会，传达学习 2022 年全国两会精神。单忠立主持。

3 月 28 日　王文军赴中国保利集团有限公司所属中国轻工集团有限公司拜访交流。

3 月 29—30 日　中国共产党中国诚通控股集团有限公司第三次代表大会在京召开。国资委党建工作局（党委组织部、党委统战部）局长（部长）姚焕，国资委企干二局四处处长尚飞莅临大会指导。朱碧新作题为《对党忠诚担当使命、深化改革提升能力，奋力打造具有国际竞争力的一流国有资本运营公司》的工作报告，王兆刚作题为《坚持不懈把全面从严治党向纵深推进，为谱写国有资本运营高质量发展新篇章提供坚强纪律保障》的工作报告，单忠立主持，集团 123 名党员代表参会。大会选举产生集团第三届党委和纪委，新一届党委委员：朱碧新、单忠立、黄景安、李友生、童来明、王兆刚、朱跃、王文军、陈勇；新一届纪委委员：王兆刚、艾彦昌、裴晓东、王延胜、张执兵、何建祥、邢军翔。

同日　在集团第三届党委一次全会上，选举朱碧新为书记，单忠立为副书记；同意纪委一次全会选举王兆刚为书记、艾彦昌为副书记。

3 月 31 日　朱碧新会见中信银行党委书记、行长方合英。陈勇参加。

同日　集团研究决定免去苗卿华诚通基金管理有限公司党委书记职务，建议免去苗卿华诚通基金管理有限公司董事、副总经理职务（退休）。

同日　集团研究建议孙洁任诚通人力资源有限公司总会计师；免去闫洪波诚通人力资源有限公司总会计师职务。

☞ 4 月

4 月　集团国际传播案例"'友谊 Rap'唱响中俄民心相通主旋律"入选国资委宣传工作局选编的《大道致远·中央企业 2021 年度国际传播优秀案例》。

4 月 8 日　王文军调研中国物流智慧电商产业园。

4 月 11 日　集团研究决定免去刘起正集团派驻纪检组组长职务。

4 月 14 日　朱碧新会见北京市国有资产经营有限责任公司党委书记、董事长岳鹏，党委副书记、总经理直军。黄景安、朱跃、王文军、唐国良参加。

4 月 18 日　集团研究决定陈伟任中国纸业投资有限公司总会计师，免去陈伟诚通建投有限公司总会计师职务。

同日　集团研究决定冯涛任诚通基金管理有限公司副总经理。

同日　集团研究决定侯欣苗任北京诚旸投资有限公司副总经理。

4月22日 集团与矿冶科技集团有限公司（简称“矿冶集团”）签署战略合作协议。朱碧新与矿冶集团党委书记、董事长韩龙出席并见证签约。童来明与矿冶集团党委委员、副总经理李建忠代表双方签署战略合作框架协议。王文军主持。

4月25日 集团印发《关于集团组织机构优化调整的通知》，明确董事会设5个专门委员会；经理层设5个专业委员会，并根据需要实施动态调整；总部部门为18个；下设诚通党校、诚通研究院、审计中心、司库中心4个直管二级机构。

同日 集团研究决定姚俊君任诚通财务有限责任公司副总经理。

☞**5月**

5月7日 集团召开合规管理强化年工作视频推进会，深入学习贯彻习近平法治思想，进一步贯彻落实国资委工作要求。黄景安、唐国良参加。

5月10日 集团团委组织团员青年收听收看庆祝中国共产主义青年团成立100周年大会。

5月12日 国资委党委委员、副主任翁杰明到集团调研指导工作，充分肯定了集团近年来改革发展取得的成效，要求继续统筹抓好各项重点工作，进一步发挥好资本运营公司的功能，在落实供给侧结构性改革等国家战略中发挥重要作用。朱碧新代表集团党委汇报了集团关于提质增效活动、防范风险、国企改革三年行动、强化党的建设、下一步重点工作和有关工作建议等有关情况。集团领导班子成员参加。

5月13日 经国资委研究，聘任马良杰为中国诚通控股集团有限公司外部董事，聘期三年（2022年5月—2025年4月）；姜尚君不再担任中国诚通控股集团有限公司外部董事职务。

同日　集团研究决定免去黄文敏诚通基金管理有限公司监事职务；免去张威诚通基金管理有限公司董事职务。

同日　集团研究决定免去张威诚通商业保理有限公司董事长（法定代表人）、董事职务。

同日　集团经研究决定免去黄文敏集团职工监事职务。

同日　集团研究决定免去张威集团金融管理部总经理职务；免去罗林集团金融管理部副总经理职务。

同日　集团研究决定免去罗林诚通财务有限责任公司监事职务。

同日　集团研究决定免去黄文敏诚通建投有限公司监事会主席、监事职务。

同日　集团研究决定免去张威诚通保险经纪（上海）有限公司（简称“诚通保险经纪”）执行董事（法定代表人）、总经理职务。

同日　集团研究决定张威、黄文敏、罗小平、王大雄、伏霖任新时代证券有限公司董事，其中：张威任董事长（法定代表人），王大雄、伏霖任独立董事。罗林任新时代证券有限公司监事、监事会主席；叶顺德任新时代证券有限公司总经理；秦皓任新时代证券有限公司副总经理兼财务负责人；周光平任新时代证券有限公司合规总监兼首席风险官。

5月16日　陈勇出席新时代证券2022年第一次临时股东大会。中国证券监督管理委员会北京监管局副局长、新时代证券接管组组长林雯主持。

5月19日　朱碧新主持召开国调基金2021年度股东大会、董事会议、监事会议。童来明、陈勇参加。

5月25日　童来明出席力神电池与安徽和安机电有限公司增资安徽和鼎机电设备有限公司项目线上签约仪式。张强参加。

5月27日　集团党委开展理论学习中心组（扩大）集体学习，持续深入学习贯彻习近平总书记重要指示批示精神。中央党校经济学教研部主任韩保江作专题辅导，朱碧新主持并讲话。集团党委领导班子成员、总部部门副职以上人员，所出资二级、三级企业领导班子成员和党员干部共计1200余人参加学习。

同日 《人民日报》评论版刊发朱碧新署名文章《更好发挥国有资本运营公司作用》。

同日 经国资委研究，王文军不再担任中国诚通控股集团有限公司副总经理职务。

☞6月

6月1日 朱碧新到诚通国合调研。单忠立、朱跃、张敏参加。

6月2日 新时代证券股份有限公司完成更名，公司名称变更为诚通证券股份有限公司，标志着集团正式成为该公司控股股东。

同日 李友生参加诚通混改临时党委理论学习中心组（扩大）学习。

6月7日 集团召开资本运营能力提升年活动启动会暨提质增效稳增长工作推进会，认真学习贯彻习近平总书记“疫情要防住、经济要稳住、发展要安全”的重要指示精神，坚决贯彻落实党中央、国务院决策部署，按照国资委扎实推动提质增效稳增长的工作要求，以资本运营能力提升年活动为契机，全方位提升资本运营能力，充分发挥运营公司“改革工具箱”功能作用，为国资央企高质量发展、促进经济社会平稳健康发展作出更大贡献。朱碧新出席并讲话，单忠立主持。黄景安介绍集团资本运营能力提升年活动方案的有关情况，陈勇传达国资委扎实推动中央企业提质增效稳增长、全力以赴为稳住经济大盘作贡献的有关精神。集团领导班子成员参加，集团总助级领导，总部部门副职以上人员、专职派出董事，在京所出资二级企业党政主要负责人在主会场参会。

同日 集团研究决定冯昌来任集团数字化管理部（数字化智能化建设办公室）副总经理（主持工作）；免去黄文敏集团数字化管理部（数字化智能化建设办公室）总经理职务。

6月8日 李友生参加力神电池投资项目专家论证及可行性研究报告评估会。中国工程院院士孙逢春以及来自北京大学、清华大学、上海大学、北京理工大学、中国电子科技集团公司第十八研究所、中国科学院物理研究所、机械工业研究院、深圳吉阳智能科技有限公司、北京卫蓝新能源科技有限公司等单位的10名业内知名专家，对力神电池滁州新能源产业基地建设一期项目、苏州力神圆柱电池二期项目、天津五期乙大聚合物电池全自动快充产线建设项目的可行性、科学性、经济性进行全面论证。

6月9—10日 童来明调研青岛上合示范区，应邀出席2022青岛·全球创投风投大会上合示范区专场会议并作主题演讲。其间，童来明与山东省青岛市委常委、胶州市委书记、上合示范区党工委书记、管委会主任张新竹进行会谈。

6月10日 集团研究决定张英凯任诚通商业保理有限公司法定代表人，负责全面工作。

同日 集团研究决定乔昌志负责诚通国合资产管理有限公司临时党委全面工作；免去王文军诚通国合资产管理有限公司临时党委书记职务。

同日 集团研究决定程功任诚通人力资源有限公司党委书记，董事、董事长（法定代表人）。

同日 集团研究决定乔昌志任诚通国合资产管理有限公司法定代表人，负责全面工作；免去王文军诚通国合资产管理有限公司执行董事（法定代表人）、总经理职务。

6月11日 童来明赴力神（青岛）新能源有限公司（简称“青岛力

神”）调研并指导工作。张强和高级顾问张江泳作汇报。

6 月 12 日　童来明在苏州会见苏州国家高新技术产业开发区党工委书记毛伟，双方围绕力神电池发展和苏州二期扩建项目深入交流。

6 月 13 日　集团印发集团总部部门及直管二级机构职责的通知，按照《关于集团组织机构优化调整的通知》（诚通人资字〔2022〕37 号）有关要求，经集团研究，确定集团总部部门及直管二级机构职责。

同日　按照《关于集团组织机构优化调整的通知》（诚通人资字〔2022〕37 号）有关要求，经集团研究，确定并印发了集团总部部门及直管二级机构职责。

6 月 14—16 日　童来明赴安徽出席力神电池与安徽叉车集团有限责任公司战略合作签约仪式。其间，与安徽江淮汽车集团股份有限公司总经理李明进行会谈，并调研力神电池滁州新能源产业基地项目。

6 月 16 日　陈勇到诚通财务调研指导工作，听取班子关于提质增效稳增长、资本运营能力提升年、“严肃财经纪律，依法合规经营”综合治理三个专项行动以及公司 1—5 月经营和党建情况的工作汇报，提出工作要求。

6 月 17 日　集团党委组织理论学习中心组（扩大）学习，专题重温习近平总书记重要批示精神，围绕“强总部”建设展开交流研讨，朱碧新主持学习。按照整治形式主义为基层减负专项工作安排和国资央企安全生产提升年部署，集体再学习再领会习近平总书记关于力戒形式主义官僚主义、关于安全生产重要论述精神，学习《总体国家安全观学习纲要》《生命重于泰山》专题片。

6 月 20 日　集团党委召开会议，再学习再领会习近平总书记在庆祝中国共产主义青年团成立 100 周年大会上的重要讲话精神，落实国资委党委座谈会议要求，部署集团青年精神素养提升工程，启动第二届“青年马克思主义者培养工程”，引领系统广大青年不断增强志气、骨气、底气，为打造具有国际竞争力的一流国有资本运营公司凝聚青春力量。朱碧新出席并讲授青年素养提升“第一课”。单忠立主持，集团领导班子成员黄景安、李友生、王兆刚、朱跃、陈勇在主会场参会。中国纸业、诚通基金、力神电池党委作交流发言。

同日 朱跃赴诚通国合开展提质增效稳增长工作专项督导调研，详细了解诚通国合提质增效措施及稳增长成效，深入探讨经营发展思路，共同研究难题解决策略。

6 月 21 日 陈勇到诚通保理调研指导工作。张英凯作工作汇报。

6 月 22 日 2022 年金砖国家工商论坛在北京以线上线下相结合方式举行，主题为“深化金砖工商伙伴关系，共创全球发展美好未来”。朱跃应邀出席论坛开幕式和专题研讨会。

同日 李友生出席中国纸业岳阳项目专家论证及可行性研究报告评估会。中国工程院院士陈克复、中国造纸协会秘书长钱毅，以及来自国务院发展研究中心、中国社会科学院、中国环境科学研究院、北京市科学技术研究院资源环境研究所（原轻工业环境保护研究所）等单位的 12 名业内知名专家参会，对项目的可行性、合规性、经济性进行全面论证。

6 月 23—24 日 单忠立出席中国共产党天津力神股份有限公司第四次代表大会。

6 月 26 日 力神滨海新能源产业基地项目在天津市滨海高新区启动，童来明出席并致辞。天津市委常委、滨海新区区委书记连茂君，副市长朱鹏出席。

6 月 27 日 朱碧新会见临沂市委书记任刚，双方就进一步加强合作进行交流。黄景安、王兆刚参加。

6 月 28 日 总投资 112 亿元的力神动力电池研发总部及生产基地项

目在江苏无锡开工建设。无锡市委副书记、市长赵建军宣布项目开工，单忠立与无锡市委副书记朱爱勋共同为力神动力电池无锡研发中心揭牌。童来明、张强出席并致辞。

同日 李友生到中国纸业就提质增效稳增长专项行动、“严肃财经纪律、依法合规经营”综合治理专项行动以及公司党委落实巡视整改等有关情况进行专题调研。黄欣参加，钟天崎作工作汇报。

6月29日 单忠立赴安徽省滁州市力神电池新能源产业基地调研指导并慰问项目组全体员工。

同日 黄景安赴国海公司调研指导工作，详细了解中央企业海工装备资产处置工作整体情况、提质增效稳增长专项行动、“严肃财经纪律、依法合规经营”综合治理专项行动以及公司2022年经营重点工作情况。邓明川作工作汇报。

6月29—30日 集团召开共青团第三次代表大会。国资委党建工作局（党委组织部、党委统战部）局长（部长）、中央企业团工委书记、中央企业青联主席姚焕，单忠立出席并讲话。大会选举产生中国共产主义青年团中国诚通控股集团有限公司第三届委员会。在随后召开的集团第三届团委一次全会上，选举王延胜为书记，韩东利、沈忱为副书记。

6月30日 朱碧新到通盈基金开展资本运营能力提升年、提质增效稳增长和综合治理专项行动督导调研。黄景安、朱跃参加。

同日 经集团党委会研究，决定调整北京诚通金控投资有限公司股权管理委员会（简称“管委会”）职责及成员。黄景安任主任，成员由童来明、陈勇、唐国良、黄文敏、何建祥、索嘉、王伶俐组成。管委会主要职责包括：一是贯彻落实国资委关于股权运作的政策和工作要求，统筹协调股权运作重要事项；二是研究和审议关于股权运作的工作思路和意见、重大政策和重大问题，以及发生重大、突发事件时的应对措施；

三是研究和确定股权运作涉及的中长期战略资产配置及年度投资计划、年度投资业绩目标与基准、授权北京诚旸投资有限公司运作的额度和范围、投资风险防控机制和措施；四是定期听取股权运作情况报告、投资运营整体效果评价报告，结合市场情况对有关事项作出必要调整和安排；五是督促检查集团明确的重点任务、重大事项，以及管委会决议的落实情况。

☞7月

7月1日　在中国共产党成立101周年之际，朱碧新与新当选的共青团集团第三届委员会委员进行集体谈话。单忠立出席并讲话。

同日　黄景安出席诚旸投资三季度投资策略会。

7月5日　集团组织全系统参加国资委改革三年行动月例会暨“以高质量党建引领国企改革三年行动 弘扬企业家精神激励担当作为”专题推进会。李友生，总部各部门负责人及改革三年行动联系人、各所出资企业代表以视频方式参加会议。

同日　集团外部董事姜鑫、冯士栋、翟挨才调研诚通建投，朱跃陪同。诸一军汇报企业发展情况、“十四五”规划和下一步重点工作。

7月6日　黄景安赴诚旸投资开展提质增效稳增长和综合治理专项行动督导调研。王伶俐就提质增效稳增长专项行动取得的成效、存在的问题、下一阶段工作安排等进行全面汇报，刘起正就综合治理专项行动作专题汇报。

7月7—8日　单忠立到诚通资产、中商集团开展资本运营能力提升年、提质增效稳增长、综合治理专项行动及巡视整改“回头看”专项督导调研。张宝文、顾来云分别作专项汇报。

7月12日　集团党委召开庆祝中国共产党成立101周年暨“两优一

先”表彰大会，表彰集团2021—2022年度先进基层党组织、优秀共产党员、优秀党务工作者。朱碧新以“把握运用党史规律，坚守改革初心使命，打造服务国资央企高质量发展‘改革工具箱’”为题，为系统党员讲专题党课。单忠立主持会议并宣读表彰决定。

同日 集团领导班子成员前往中国物流集团总部与中国物流集团领导班子就进一步深化合作进行会谈。

同日 集团审计人员能力提升培训班开班仪式在集团总部举行。童来明出席并讲话，60余名内审人员参加培训。

7月13日 童来明以视频会议形式对诚通东方开展提质增效稳增长、综合治理专项行动及巡视整改“回头看”专项督导调研。

7月13—14日 朱跃对诚通国际、中国康养开展提质增效稳增长、综合治理专项行动调研。周立群、黄燕分别作工作汇报。

7月14日 集团研究决定宋志强任诚通基金管理有限公司监事。

7月15日 朱碧新会见北京市朝阳区委书记文献，双方就进一步加强合作进行交流。王兆刚、陈勇参加会见。

同日 朱碧新会见上海证券交易所党委副书记、监事长潘学先一行。黄景安参加会见。

7月17日 国资委公布2021年度和2019—2021年任期中央企业负责人经营业绩考核结果。集团2021年度及2019—2021年任期经营绩效考核结果均为A级，被国资委评为“业绩优秀企业”。

7月19日 童来明会见华能集团党组成员、总会计师王益华，双方就未来在资本运营发展、“双碳”领域投资及储能等新技术方面进一步深化合作进行充分交流。

同日 集团研究决定：王腾任集团离退休人员管理中心党支部书记、主任；免去曾鸿彬集团专职派出董事职务（退休）；孙乾飞任集团产业培育部副总经理（主持工作），免去其集团运营管理部副总经理职务；李山任集团办公室（董事会办公室、总经理办公室、党委办公室、维稳信访办公室）副主任。宋志强任诚通财务有限责任公司监事。

同日 集团研究决定：成立诚通国合资产管理有限公司董事会。王广富任诚通国合资产管理有限公司董事、董事长（法定代表人）、总经理；免去乔昌志诚通国合资产管理有限公司法定代表人职务，其不再负责全面工作。

7 月 20 日 集团召开招标采购专题研讨会，黄景安出席会议并讲话，唐国良主持会议。

同日 王兆刚赴诚通人力开展提质增效稳增长、综合治理专项行动及巡视整改“回头看”专项督导调研。

同日 集团研究决定：免去王天霖中国诚通香港有限公司副总经理职务。曹卫良任中国纸业投资有限公司副总经理，免去其中国诚通国际贸易有限公司董事、副总经理职务。纪春勤任中诚通国际投资有限公司副总经理，免去其中诚通国际投资有限公司总会计师职务；免去孙伯辉中诚通国际投资有限公司副总经理职务；王平平任中国诚通国际贸易有限公司总会计师。

同日 集团研究决定：免去王鲁生诚通人力资源有限公司党委副书记、纪委书记职务，任中国诚通国际贸易有限公司纪委书记。周立群负责中诚通国际投资有限公司党委全面工作；免去孙伯辉中诚通国际投资有限公司党委书记职务。王广富任诚通国合资产管理有限公司临时党委书记；乔昌志不再负责诚通国合资产管理有限公司临时党委全面工作。

7 月 21 日 王兆刚以视频形式对诚通国贸开展资本运营能力提升、提质增效稳增长、综合治理专项行动及巡视整改“回头看”专项督导调研。

7月22日 第九届环青海湖（国际）电动汽车挑战赛在青海国际会展中心举办，集团为本次赛事的联合承办单位之一。单忠立出席发车仪式。青海省委书记、省人大常委会主任信长星，省委副书记、省长吴晓军等视察活动。张强参加。

7月25日 中国康养与人保投资控股有限公司（简称“人保投控”）在京签署康养业务合作协议，双方将合资成立康养服务运营专业平台。朱跃与中国人保党委委员、副总裁，人保投控董事长才智伟共同出席签约仪式。黄燕与人保投控党委副书记、副总裁（主持工作）毛寄文代表双方签约。

同日 陈勇以视频形式对诚通香港开展提质增效稳增长、综合治理专项行动及巡视整改“回头看”专项督导调研。

7月26日 童来明对诚通基金开展提质增效稳增长、综合治理专项行动及巡视整改“回头看”专项督导调研。魏然汇报2022年上半年经营情况以及综合治理专项行动等工作情况。

7月27日 朱碧新会见中国旅游集团有限公司（简称“中旅集团”）董事长、党委书记陈寅一行。李友生、童来明，中旅集团总会计师、党委委员马王军参加会见。

同日 李友生对诚通混改提质增效稳增长、综合治理专项行动开展情况进行调研。唐建洲作专项汇报。

7月29日 集团2022年上半年生产经营分析会在京召开。会议深入学习贯彻习近平总书记重要讲话和指示批示精神，全面贯彻党中央“疫情要防住、经济要稳住、发展要安全”的决策部署，传达落实中央企业负责人研讨班精神和国资委工作要求，总结集团上半年工作，研究部署下半年重点任务。朱碧新出席并讲话，单忠立主持，陈勇通报集团上半年预算完成情况。集团外部董事姜鑫、马良杰、冯士栋、翟挨才，集团领导黄景安、李友生、童来明、王兆刚、朱跃出席。国资委资本局资本运营处处长匡永生、审计署企业审计五局三处处长舒文伟到会指导。

同日 童来明出席安徽省滁州市新能源电池产业推介会暨力神电池全球合作伙伴大会并致辞。张强参加。

7月 国务院国企改革领导小组办公室发布中央企业所属“双百企业”“科改示范企业”2021年度专项考核评估结果。集团所属岳阳林纸股份有限公司获评“双百企业”2021年度专项考核“标杆”企业，广东冠豪高新技术股份有限公司获评“科改示范企业”2021年度专项考核“优秀”企业。已重组划转至中国物流集团的中特物流有限公司和中储发展股份有限公司在本次考核中也分别获评“标杆”和“优秀”企业。

同月 国资委下发2021年度中央企业改革三年行动重点任务考核结果，集团获评A级。

5—7月 集团在京直属工会组织开展“喜迎二十大 建功新时代”摄影比赛，活动由诚通摄影协会承办，累计征集作品410幅。经网络投票、协会评选、专家评审，最终评选出一等奖3名、二等奖5名、三等奖10名、优秀奖20名。

☞ 8月

8月4日 黄景安会见中国电气装备集团有限公司党委常委、总会计师徐鸿，双方就在股东事务合作的基础上，进一步深化战略和产业合作进行充分交流。

8月8日 童来明出席力神电池2022年中期工作会议。会议传达学习集团2022年度上半年经营分析会精神，总结上半年工作情况，研究部署下半年重点工作，认真分析内部形势和外部挑战。张强作工作报告。

8月9日 单忠立到融通基金管理有限公司调研指导工作。张威、张帆汇报公司经营发展情况，涂卫东汇报党建工作。

8 月 10 日 国资委《宣传工作》（第 31 期）“央企领导谈宣传思想工作”专栏，刊发朱碧新署名文章《在“兴文化”上下功夫，为国有资本运营改革提供强大精神动力》。

同日 王兆刚带队与宜阳县纪委、县委组织部等 10 个部门和 2 个乡镇负责人召开定点帮扶领域廉洁自律情况督导座谈会，就集团定点帮扶资金使用、集团派驻挂职干部和驻村第一书记廉洁自律和作风建设等情况进行座谈。

8 月 10—11 日 朱碧新一行赴河南省洛阳市宜阳县开展定点帮扶工作调研。调研期间，朱碧新会见河南省委常委、洛阳市委书记江凌，与宜阳县领导班子开展定点帮扶工作座谈，深入定点帮扶项目现场调研督导。单忠立、王兆刚参加调研。

8 月 12 日 中国国有企业结构调整基金二期股份有限公司在江苏省无锡市召开 2021 年度股东大会、第一届董事会第四次会议和第一届监事会第四次会议。朱碧新、童来明、陈勇、唐国良，国调基金二期股东单位代表、董事、监事等出席会议。其间，朱碧新在无锡市委书记杜小刚的陪同下，考察调研无锡诚通国联资本有限公司和力神电池新能源产业基地（无锡）项目，并会见无锡市市长赵建军。

同日 中国康养在京召开 2022 年上半年经营分析会，传达集团上半年经营分析会精神，总结公司上半年工作，部署下半年重点任务。朱跃出席并讲话。

8 月 15 日 集团党委研究，决定对领导班子成员基层联系点安排调整：朱碧新联系诚通证券；单忠立联系通盈基金、诚通人力、老干中心；黄景安联系诚旸投资、国海公司、诚通国贸；李友生联系中国纸业、诚通资产、中商集团；童来明联系诚通基金、混改基金、力神电池；王兆刚联系诚通东方、诚通香港、诚通国际；朱跃联系中国康养、诚通国合、诚通建投；陈勇联系诚通财务、诚通保理、诚通保险经纪。

同日 集团研究并报国资委同意，决定：黄文敏任集团总经理助理；吴平任集团副总会计师（总经理助理级）。

同日 集团研究决定：免去曹富根中国诚通国际贸易有限公司党委副书记职务，免去曹富根中国诚通国际贸易有限公司董事、总经理职务（退休）；刘文东负责中国诚通国际贸易有限公司经营工作。

8 月 17 日 集团研究决定：王松任诚通建投有限公司总会计师。

8 月 18 日 在京直属工会召开 2022 年第二次全委（扩大）会议，学习习近平总书记最新重要讲话精神和《习近平谈治国理政》第四卷，贯彻集团第三次党代会精神，总结上半年工会工作情况，研究部署下半年工会重点任务。单忠立出席并讲话，唐国良主持会议。

同日 集团外部董事姜鑫、马良杰、冯士栋、曹远征、翟挨才调研诚旸投资。黄景安参加调研。

8 月 19 日 集团党委召开 2022 年第二季度党委书记、纪委书记例会，深入学习贯彻习近平总书记最新重要讲话精神，总结交流党的建设推进情况，部署下半年重点工作任务，推动集团第三次党代会和上半年经营分析会精神落实落地。朱碧新出席并讲话，单忠立主持会议，王兆刚参加会议。

8 月 22 日 童来明、朱跃一行赴通盈基金调研指导工作。青雷汇报公司经营发展情况和下一步工作思路。

8 月 24—26 日 朱跃在山西会见山西省委常委、大同市委书记卢东亮，并出席第三届“康养山西・夏养山西”康养产业大同峰会。

8 月 24 日 集团召开《信访工作条例》集中学习宣讲会，邀请中国人民公安大学李春华教授对条例进行深入解读。

8月25日 中国证券投资基金业协会党委书记、会长何艳春一行来集团调研。朱碧新出席，中国证券投资基金业协会党委委员、副会长高天红参加。

同日 朱碧新会见来访的鞍钢集团党委书记、董事长谭成旭，双方就进一步深化合作进行交流。黄景安与鞍钢集团总会计师谢峰参加。

同日 陈勇赴力神电池开展提质增效稳增长、综合治理专项行动等工作调研。张强参加。

同日 混改基金和国调基金作为基石投资人助力中国旅游集团中免股份有限公司港股发行，在香港交易所主板上市交易，股票代码01880.HK，募资总额约162．36亿港元，成为2022年香港市场发行规模最大的IPO项目，也是全球旅游零售行业历史上规模最大的IPO融资，香港市场旅游零售行业第一股。混改基金以约11．77亿港元的投资额，成为份额最大的基石投资者。

同日 由集团在京直属工会主办、诚通乒协承办的中国诚通集团在京单位乒乓球友谊赛在京开赛。唐国良出席。11家所出资企业选派39名选手参赛。

8月26日 朱碧新到诚通证券调研指导。黄景安、陈勇参加调研。叶顺德、张帆分别就诚通证券和融通基金管理有限公司经营情况作汇报，张威对结束接托管以来主要工作进行补充。

同日 单忠立赴中共国家能源集团党校走访调研，与常务副校长周忠科进行交流会谈。

同日 童来明会见中国农业银行天津分行党委书记、行长郑祖刚。

8月 集团党委举办第七期入党积极分子、预备党员培训班。集团系统内251名入党积极分子、预备党员参加培训。

8月31—9月5日 2022年中国国际服务贸易交易会在京举办。在中央企业交易团的领导下，集团组建中国诚通交易分团，由朱跃担任团长，集团总部及11家所出资企业参加。

☞9月

9月1日 由集团团委主办，诚通基金团支部、新组建平台青年工作委员会联合承办的“喜迎二十大，奋进新征程”中国诚通首届青年基金经理大赛正式召开。

9月5日 朱碧新会见中国有色矿业集团有限公司党委书记、董事长奚正平，党委副书记、总经理董长清一行。黄景安、黄文敏、吴平参加会见。

9月7日 集团研究决定：秦炬、赵玉任集团专职派出董监事；免去王军集团专职派出董监事职务。李良英任中国诚通资产管理有限公司党委副书记、总经理，免去中国纸业投资有限公司副总经理职务；免去张宝文中国诚通资产管理有限公司总经理职务；李杰任中国诚通资产管理有限公司副总经理；免去赵玉中国诚通资产管理有限公司副总经理职务。吴平兼任诚通财务有限责任公司党委书记；免去秦炬诚通财务有限责任公司党委书记职务。赵玉任诚通人力资源有限公司董事；免去王军诚通人力资源有限公司董事职务；免去李杰诚通人力资源有限公司副总经理职务。赵玉任中国诚通国际贸易有限公司董事；免去王军中国诚通国际贸易有限公司董事职务。魏然任诚通基金管理有限公司党委书记、董事长（法定代表人）；免去童来明诚通基金管理有限公司董事长（法定代表人）、董事职务。青雷任诚通通盈基金管理有限公司董事长（法定代表人）；免去朱跃诚通通盈基金管理有限公司董事长（法定代表人）、董事职务。秦炬任诚通基金管理有限公司董事，任诚通保险经纪（上海）有限公司执行董事（法定代表人）、总经理，任诚通建投有限公司监事、监事会主席。

同日　集团研究决定：吴平兼任诚通财务有限责任公司董事、董事长（法定代表人）；免去陈勇诚通财务有限责任公司董事长（法定代表人）、董事职务；免去秦炬诚通财务有限责任公司董事、副总经理职务。

9月8日　集团党委研究决定，集团定点帮扶工作领导小组成员调整：朱碧新任组长，单忠立任副组长，成员由黄景安、李友生、童来明、王兆刚、朱跃、陈勇组成。

9月9日　以“加快打造社会主义现代化建设引领区 更好服务改革开放发展大局”为主题的中央企业助力上海高质量发展大会举行。朱碧新在上海主会场参加会议，并代表集团与上海市人民政府签署全面战略合作协议。李友生签署央地合作项目协议。

同日　朱跃会见安徽省民政厅党组书记、厅长张冬云，双方就合作推动安徽省健康养老事业产业协同发展进行交流。黄燕参加。

9月14日　集团研究决定，乔利滨任集团人力资源部（党委组织部）副总经理。

9月15日　集团邀请中国证券业协会党委书记、会长安青松作资本市场与资本运营专题讲座。讲座以“现场＋视频”形式进行，由朱碧新主持，集团领导班子成员、总助级领导，总部各部门负责人、专职派出董事在主会场参会，各所出资企业负责人及有关人员在分会场参会。专题讲座后，朱碧新与安青松一行进行会谈，黄景安、童来明、朱跃参加交流。

9月16日　集团召开数字化水平全面诊断及“十四五”数字化转型发展规划项目启动会，部署推进集团数字化转型工作，黄景安出席并讲话。

同日　“喜迎二十大 建功新时代”全国工会财务知识竞赛决赛以线

上方式举办，集团在京直属工会代表队积极参赛，两名参赛队员荣获中央企业工会组三等奖。

9月15—16日 李友生出席诚通混改组织开展的系列警示教育活动，以“从党的纪律建设史看坚持不懈把全面从严治党向纵深推进”为题，为诚通混改全体党员、部门副职以上干部讲廉洁教育党课，并与相关人员开展廉洁谈话。

9月19日 集团2022年面向专业投资者公开发行的绿色科技创新公司债券在上海证券交易所发行。本期债券总规模25亿元，其中10年期5亿元，5+3+2年期20亿元，投资者广泛参与、踊跃认购，取得了长期限、低成本融资的良好效果。

9月21日 集团党委决定成立集团数字化转型工作领导小组。朱碧新任组长，单忠立、黄景安、李友生、童来明、王兆刚、朱跃、陈勇任副组长。设集团数字化转型工作领导小组办公室，黄景安任办公室主任，唐国良、张敏、黄文敏、吴平、裴晓东、索嘉、冯昌来任办公室副主任，成员由总部各部门负责人组成。

9月22日 集团外部董事姜鑫、马良杰、冯士栋、曹远征、翟挨才在集团总部以视频形式调研诚通香港。王兆刚、陈勇参加。

9月26日 集团召开改革三年行动高质量收官推进会，贯彻落实国资委抓好改革三年行动高质量收官的工作要求，对改革三年行动进行再动员、再部署、再推进。朱碧新出席并讲话，单忠立主持会议，李友生通报集团改革三年行动进展情况，集团全体领导班子成员出席会议。

同日 集团研究决定：牛慧任中商控股集团有限公司纪委书记；免去吴荣庆中商控股集团有限公司党委副书记、纪委书记职务（退休）。

9月28日 集团召开审计和违规经营投资责任追究工作领导小组第一次会议。会议通报了集团近期审计工作开展情况，提示了近年外部监管主要风险，审议了《关于2021年度财务决算审核发现问题整改追责工作的专项核查报告》。朱碧新主持并讲话，童来明、王兆刚出席。

同日 集团研究决定：免去黄燕中国健康养老集团有限公司党委副书记职务（退休）。严肃、赵玉、姚俊君、瞿强任诚通国合资产管理有限公司董事。

同日 集团研究决定：免去黄燕中国健康养老集团有限公司董事、总经理职务（退休）。免去牛慧中商控股集团有限公司副总经理职务。宋庆任诚通通盈基金管理有限公司副总经理。

9月29日 集团党委组织理论学习中心组（扩大）集体学习《习近平谈治国理政》第四卷和《习近平经济思想学习纲要》。朱碧新主持学习。集团党委理论学习中心组成员，总助级人员、总部部门负责人及专职派出董事参加集体学习。

9月30日 按照《关于集团组织机构优化调整的通知》（诚通人资字〔2022〕37号）有关要求，在聘请正略钧策咨询公司进行访谈调研，充分征求各相关方面意见后，经党委会前置研究，总经理会审议通过，在已经印发的《组织机构优化调整方案》《集团总部部门及直管二级机构职责》的基础上，修订印发了《集团总部部门岗位设置及岗位编制方案》。

同日 集团研究决定彭新举任中国健康养老集团有限公司党委副书记，董事、总经理。

同日 集团研究决定，对所出资三级企业中的上市公司，总资产规模达到1000亿元以上或职工总人数3000人以上的非上市公司的主要负责人提级管理。主要负责人包括党委书记、董事长、总经理。

中国诚通集团

大事记

（附录）

CCT
中国诚通
CHINA CHENGTONG

附录1　中国诚通集团领导
（2018年1月—2022年9月）

一、董事会

董事长

马正武（2005年11月—2019年1月）

朱碧新（2019年7月—）

董　事

朱碧新（2015年12月—2019年7月）

李洪凤（2019年7月—2021年11月）

单忠立（2020年7月—）

外部董事

张　鹏（2012年8月—2018年7月）

周勤业（2014年2月—2019年12月）

孟伟林（2015年3月—2019年2月）

姜尚君（2016年6月—2022年4月）

赵淑贤（2018年8月—2021年9月）

姜　鑫（2020年1月—）

马良杰（2022年5月—）

冯士栋（2021 年 9 月—）

曹远征（2019 年 6 月—）

翟揆才（2020 年 7 月—）

职工董事

唐国良（2005 年 11 月—）

二、党委

第二届党委（2015 年 4 月—2022 年 3 月）

党委书记

马正武（2015 年 4 月—2019 年 1 月）

朱碧新（2019 年 7 月—）

党委副书记

朱碧新（2015 年 12 月—2019 年 7 月）

李洪凤（2019 年 7 月—2021 年 11 月）

单忠立（2016 年 8 月—）

党委委员

徐　震（2015 年 4 月—2019 年 8 月）

李友生

童来明

张相红（2017 年 3 月—2021 年 11 月）

王兆刚（2021 年 11 月—）

陈　勇（2020 年 1 月—）

第三届党委（2022 年 3 月—）

党委书记

朱碧新

党委副书记

单忠立

党委委员

黄景安

李友生

童来明

王兆刚

朱 跃

王文军（2022 年 3 月—2022 年 5 月）

陈 勇

三、经营班子

总经理

朱碧新（2015 年 12 月—2019 年 7 月）

李洪凤（2019 年 7 月—2021 年 11 月）

副总经理、总会计师

徐 震（2006 年 11 月—2019 年 8 月）

黄景安（2021 年 8 月—）

李友生（2011 年 6 月—）

童来明（2015 年 3 月—）

向 宏（2015 年 3 月—2021 年 11 月）

朱 跃（2017 年 12 月—）

王文军（2021 年 2 月—2022 年 5 月）

陈 勇（2020 年 1 月—）

附录2 中国诚通所出资企业名单

2022年10月现有所出资企业21户：

公司全称	规范简称
中国纸业投资有限公司	中国纸业
中国诚通资产管理有限公司	诚通资产
中国诚通香港有限公司	诚通香港
诚通财务有限责任公司	诚通财务
诚通人力资源有限公司	诚通人力
中国诚通东方资产经营管理有限公司	诚通东方
中诚通国际投资有限公司	诚通国际
中商控股集团有限公司	中商集团
中国诚通国际贸易有限公司	诚通国贸
诚通基金管理有限公司	诚通基金
中国健康养老集团有限公司	中国康养
诚通建投有限公司（原名为诚通房地产投资有限公司）	诚通建投（诚通地产投资）
北京诚旸投资有限公司	诚旸投资
国海海工资产管理有限公司	国海公司
诚通通盈基金管理有限公司	通盈基金
诚通商业保理有限公司	诚通保理
天津力神电池股份有限公司	力神电池
诚通混改私募基金管理有限公司	诚通混改
诚通保险经纪（上海）有限公司	诚通保险经纪

续 表

公司全称	规范简称
诚通国合资产管理有限公司	诚通国合
诚通证券股份有限公司	诚通证券

2021 年 12 月 6 日　集团推动所属物流板块的中国储运、中国物流、中国包装、华贸物流 4 家企业与所托管的中国铁物整合组建了中国物流集团有限公司，并成为其主要股东：

中国物资储运集团有限公司	中国储运
中国物流股份有限公司	中国物流
中国包装有限责任公司	中国包装
港中旅华贸国际物流股份有限公司	华贸物流

附录3　中国诚通第十五届至第十九届“诚通之星”

第十五届“诚通之星”（2017年）

10名个人

资本运作方面

李俊江　诚通基金管理有限公司投资二部副总监

邬镇华　中国诚通香港资产管理有限公司、中国诚通投资有限公司董事兼行政总裁

资产经营方面

许金官　重庆诚通物流有限公司党委书记、执行董事、总经理

经营管理方面

黄若山　香港华贸国际物流有限公司总经理

党建工作方面

周爱林　中储发展股份有限公司党群工作部主任

李涛华　中国诚通资产管理有限公司总经理助理、党群工作部主任

改革创新方面

刘　辉　中国诚通资产管理有限公司副总经理、诚通湖岸投资管理有限公司总经理

爱岗敬业方面

薛静芝　中冶美利云产业投资股份有限公司区域经理

李跃宗　诚通人力资源有限公司总监

特殊贡献方面

任　亮　中国诚通金属集团有限公司总经理助理

第十六届“诚通之星”（2018年）

8名个人和1个基层党组织

资本运作方面

冯　涛　诚通基金管理有限公司投资一部副总监

资产经营方面

石国智　中国诚通资产管理有限公司总经理助理

经营管理方面

杨　飚　无锡中储物流有限公司总经理

党建工作方面

罗　灵　安徽诚通红四方物流有限公司党支部书记、董事长、总经理

化机浆项目组临时党支部　中国纸业投资有限公司

改革创新方面

钟天崎　广东冠豪高新技术股份有限公司党委书记、总经理

爱岗敬业方面

郭　晋　诚通人力资源有限公司京津分公司副总经理（主持工作）

特殊贡献方面

李峰/［俄］科拉普恰托娃　中诚通国际投资有限公司格林伍德发展部经理/副经理

第十七届“诚通之星”（2019 年）

8 名个人和 1 个基层企业

资本运作方面

宋　庆　诚通基金管理有限公司投资二部副总监（主持工作）

资产经营方面

李良英　中冶纸业银河有限公司党委委员、董事、总经理

经营管理方面

张　锐　中国物流（安吉）有限公司党支部书记、总经理

党建工作方面

张喜平　岳阳林纸销售公司党总支书记、常务副总经理

改革创新方面

张宝文　中国诚通资产管理有限公司党委书记、执行董事、总经理

金春花　海口寰岛实验小学、三亚寰岛实验小学校长

爱岗敬业方面

王琍香　上海诚通国际贸易有限公司党支部书记、总经理

特殊贡献方面

彭　清　新疆生产建设兵团第十二师财政局党组成员、副局长，国企改革办公室副主任，湖南诚通国际物流有限公司副总经理，中国物流股份有限公司新疆事业部党工委委员、副总经理

诚通房地产投资有限公司所属诚通物流连云港有限公司

第十八届“诚通之星”（2020 年）

7 名个人

资本运作方面

赵 鹏 诚通基金管理有限公司投资三部副总经理

资产经营方面

陈 矢 中国诚通资产管理有限公司四川分公司总经理

经营管理方面

胡显卓 中国物流股份有限公司所属辽宁诚通物流有限公司总经理

党建工作方面

堵俊海 中国包装有限责任公司所属华西包装（集团）有限责任公司党委书记、执行董事、总经理

改革创新方面

许瀚文 中国健康养老集团有限公司总经理助理

爱岗敬业方面

邵 妍 诚通人力资源有限公司人力资本事业部总经理

特殊贡献方面

吴五华 中国纸业泰格林纸洪家洲社区主任、中国诚通派驻河南省宜阳县沙坡村第一书记

第十九届“诚通之星”（2021 年）

7 名个人

资本运作方面

蔡婧姝 诚通基金管理有限公司投资一部副总经理

资产经营方面

曾广平　中国健康养老集团有限公司资产经营管理中心副总监、资产接收管理部总经理

经营管理方面

陈　曦　中国物流股份有限公司酒业事业部副总经理

党建工作方面

竺小政　中国纸业投资有限公司党委副书记、工会主席

改革创新方面

张生铎　诚通通盈基金管理有限公司董事会秘书、总经理助理、工会主席

马洪运　天津力神电池股份有限公司技术项目负责人

爱岗敬业方面

（空缺）

特殊贡献方面

刘建军　中国诚通香港有限公司合规部总经理，西藏自治区人民政府国有资产监督管理委员会产权管理处副处长（第九批援藏干部）

后　记

2022 年，中国诚通控股集团有限公司（简称“中国诚通”）成立三十周年。三十年来，中国诚通始终坚持党的全面领导，持续改革创新，历经风雨，勇立潮头，实现了从传统物资流通企业，到国有资产经营公司，再到国有资本运营公司的“三级跳”，在国资国企改革发展历史上留下了浓墨重彩的一笔。特别是 2018 年以来，中国诚通深入学习贯彻党的十九大及十九届历次全会精神，学懂弄通习近平新时代中国特色社会主义思想，用高质量党建引领高质量发展。在国资委党建工作责任制考核中连续四年被评为“A 级”，2020 年进入央企党建考核和综合业绩考核“双 A”行列，谱写了国有资本运营高质量发展的新篇章。

在中国诚通成立三十周年的重要历史时刻，我们组织编写《中国诚通集团大事记（2018—2022 年）》一书，以编年体的方式记录中国诚通 2018—2022 年的重要事件和发展足迹。本书尊重历史事实，以档案资料为基本依据，以发生时间为顺序，客观记述了中国诚通发展历程中有重要影响的事件。

在本书的编写过程中，集团领导给予了大力支持，苗卿华、孙静、陈辉山、闫刚、郭彦秀、袁燮扬、康恺熙、高铭源、王新华、李剑等投入大量精力收集整理资料，集团总部有关部门、所出资企业等对相关资料进行了补充和完善。

在此，谨向所有关心、支持本书编写工作的领导和付出辛勤劳动的同志致以诚挚的谢意！

受时间和水平所限，书中难免出现遗漏和差错，恳请广大读者指正。

中国诚通

2022 年 10 月

▲ 2018 年 1 月 6—8 日，上海国际金融学院联合国际金融中心协会和宾夕法尼亚大学沃顿商学院，为集团开展为期三天的国有资本投资运营领导力高级课程培训。

▲ 2018 年 5 月 28 日，集团与深圳证券交易所在深圳签署战略合作协议。马正武，深交所党委书记、理事长吴利军出席签约仪式，并就双方战略合作进行深入交流。

▲ 2018 年 10 月 23 日，上海诚通股权投资基金管理有限公司暨诚通东方混改投资基金在上海成立，基金总规模 300 亿元。

▲ 2018 年 10 月 26 日，中国诚通首届职工运动会在京举行。

▲ 2018 年 11 月 5 日，中国诚通参加首届中国国际进口博览会。

▲ 2018 年 12 月 29 日，中国诚通方向明建言献策工作室授牌仪式暨集团统战代表人士座谈会在诚通基金举行。

▲ 2019 年 2 月 21-22 日，中国诚通集团 2019 年工作会议暨二届七次职工代表大会在京召开。

▲ 2019 年 3 月 21 日，俄罗斯联邦委员会（议会上院）乌马汉诺夫副主席一行莅临格林伍德国际贸易中心考察，中国驻俄罗斯联邦特命全权大使李辉、商务公参李静援等陪同参观考察。

▲ 2019 年 4 月 24 日，国海海工资产管理有限公司揭牌仪式在集团总部举行。

▲ 2019 年 5 月 8 日，由中国诚通团委主办、中国纸业团委承办的纪念五四运动 100 周年“青春心向党 · 建功新时代”主题团日活动在京成功举办。

▲ 2019 年 5 月 24 日，中国诚通香港平台整合签约仪式在集团总部举行。

▲ 2019 年 6 月 10 日，中国诚通党委召开“不忘初心、牢记使命”主题教育工作会议。

▲ 2020 年，集团积极参与中国绿发投资集团组建，作为第一大股东，全面承接鲁能集团股权，助力打造聚焦绿色产业一流央企。

▲ 2020 年 1 月 13—14 日，中国诚通集团 2020 年工作会议暨三届一次职工代表大会在京召开。

▲ 2020 年 2 月 14 日，朱碧新、单忠立、向宏赴中黑北京园区和中物金象医药物流有限公司调研疫情防控和物资保供工作情况。

▲ 2020 年 2 月 14 日，李洪凤、李友生赴中商集团北京八里桥农产品中心批发市场调研疫情防控工作。

▲ 2020 年 6 月 18 日，中国诚通“资产经营 2.0 模式研究报告评审会”在京召开。

▲ 2020 年 9 月 11 日，中国诚通与中国电科举行天津力神电池股份有限公司股权重组及划转签约仪式。

▲ 2020 年 9 月 30 日，朱碧新出席油气管网资产交割暨运营交接签字仪式。

▲ 2020 年 11 月 4—10 日，中国诚通交易分团积极参加第三届进博会。

▲ 2020 年 12 月 7 日，中国诚通首届青年马克思主义者培养工程开班仪式在集团总部举行。

▲ 2021 年 1 月 8 日，中国铁路物资股份有限公司在深交所挂牌上市，标志着中国铁物实现了本质脱困，走上健康发展轨道（2016 年 4 月 29 日，国资委决定由中国诚通对中国铁物实施托管，并成立管委会）。

▲ 2020 年 12 月 29 日，经国务院批准，国务院国资委委托中国诚通控股集团有限公司发起设立的中国国有企业混合所有制改革基金有限公司在上海揭牌成立。

▲ 2021 年 2 月 25 日，集团派出挂职副县长宋大鹏获得全国脱贫攻坚先进个人称号。

▲ 2021 年 3 月 8 日，中国诚通党委召开党史学习教育动员部署大会。

▲ 2021 年 6 月，朱碧新接受融媒体节目“对话新国企 · 百年党旗红”采访。

▲ 2021 年 6 月 18 日，朱碧新出席新时代企业党建案例报告会并作主旨发言。

▲ 2021 年 7 月 5 日，中共中国诚通控股集团有限公司委员会党校、干部人才培训中心在青草湖正式揭牌成立。

▲ 2021 年 7 月 1 日， 中国诚通组织观看庆祝中国共产党成立 100 周年大会直播。

▲ 2021 年 7 月 10 日，中康养投资公司揭牌仪式暨首届中国养老产业投资与发展论坛在京举行。

▲ 2021 年 7 月 15 日，朱碧新带领集团在京领导班子成员、总部部门副职以上人员、在京所出资企业党委班子及部分党员代表共计 150 人，前往中国共产党历史展览馆，集体参观“‘不忘初心、牢记使命’中国共产党历史展览”，并重温入党誓词。

▲ 2021 年 7 月 19 日，中国诚通青年马克思主义者培养工程实践锻炼启动仪式暨中国纸业第一期青年马克思主义者培养工程开班仪式在岳阳林纸股份有限公司举行。

▲ 2021年8月20日，鞍钢重组本钢大会在辽宁省鞍山市召开，中国诚通成为鞍钢集团重要股东。

▲ 2021 年 9 月 2 日，朱碧新以视频方式出席俄罗斯第六届东方经济论坛“俄罗斯一中国”商务对话并致辞。

▲ 2021 年 9 月 25 日，中国电气装备集团有限公司成立大会在上海举行，中国诚通作为重要股东参与中国电气装备集团的组建。

▲ 2021 年 10 月 7 日，中国国有企业结构调整基金二期股份有限公司成立大会暨揭牌仪式在江苏无锡举行。按照国务院批复和国资委安排，由中国诚通牵头，与地方政府和央企以市场化方式搭建若干平行基金，构建总规模不低于 1000 亿的国调基金二期。

▲ 2021 年 11 月 5—10 日，集团参加第四届中国国际进口博览会，采购成交超 15 亿美元。

▲ 2021 年 12 月 6 日，中国物流集团有限公司成立大会在京举行，中国诚通成为重要股东。中国物流集团注册资本 300 亿元，由原中国铁路物资集团与中国诚通物流板块的中国储运、华贸物流、中国物流、中国包装 4 家企业整合而成，是国资委直接监管的又一家股权多元化中央企业。

▲ 2022 年 1 月 5 日，中国移动股份有限公司首次公开发行 A 股上市仪式在上海举行，国调基金二期作为战略投资者，投资 20 亿元人民币，助力中国移动 A 股上市。

▲ 2022 年 2 月 25 日，集团党委召开 2022 年党建工作会、党风廉政建设和反腐败工作会议暨警示教育大会。

▲ 2022 年 3 月 29—30 日，中国共产党中国诚通控股集团有限公司第三次代表大会在京胜利召开。

▲ 2022 年 3 月，中国共产党中国诚通控股集团有限公司第三次代表大会选举产生新一届党委。（从左至右：陈勇、朱跃、童来明、黄景安、朱碧新、单忠立、李友生、王兆刚、王文军）

▲ 2022 年 3 月，中国共产党中国诚通控股集团有限公司第三次代表大会选举产生新一届纪委。（从左至右：裴晓东、邢军翔、张执兵、王兆刚、艾彦昌、王延胜、何建祥）

▲ 2022 年 6 月 7 日，集团召开资本运营能力提升年活动启动会暨提质增效稳增长工作推进会。

▲ 2022 年 8 月 10—11 日，朱碧新、单忠立、王兆刚赴河南省洛阳市宜阳县开展定点帮扶工作调研。

▲ 2022 年 9 月 26 日，集团召开改革三年行动高质量收官推进会。

▲ 2022 年 10 月 4 日，中国诚通党委组织总部党员干部参观 “奋进新时代”主题成就展。

▲ 2022 年 11 月 15 日，集团党委召开党的二十大精神宣讲会，对全系统持续掀起学习宣传贯彻党的二十大精神的热潮进行再动员再部署。朱碧新为系统广大党员干部职工作宣讲报告。